■ 思考のフロンティア

公共性

齋藤純一
Saito Junichi

岩波書店

publicness

はじめに

「公共性」というテーマで本書はどのような問いを取り上げようとしているのか．その問題の所在のいくつかを，ハンナ・アーレントの言葉を引きながら，スケッチすることから始めたい．

> 自由が出現したのは……彼らが「挑戦者」となり，自らイニシアティヴをとり，そのことによってそれと知ることも気づくこともなしに，自由が姿を現わすことのできる公共的空間を彼らの間に創造し始めたからである．「私たちが一緒に食事をとるたびに自由は食席に招かれている．椅子は空いたままだが席はもうけてある．」(引田隆也・齋藤純一訳『過去と未来の間』みすず書房，1994年，3頁)

この文章は，「公共的空間」(public space) を二つの政治的価値に関係づけている．一つは，〈自由〉(freedom) である．この言葉は，アーレントにおいては，抑圧から解放されていること (liberty) 以上の何かを指している．それは，「イニシアティヴ」，何かを新たに始めることである．公共的空間は，そうした始まりとしての自由が，言葉や行為という形をとって私たちの前に現われる空間である．もう一つの政治的価値は，〈排除への抵抗〉である．「椅子は空いたままだが席はもうけてある」(The chair remains vacant, but the place is set)という言葉は，第二次世界大戦時に対独レジスタンスの活動に加わったフランスの詩人ルネ・シャールのものである．もうけられている「席」とは，あなたの自由のための「場所」のことである．公共的空間は，あらゆる人びとの「席」=「場所」がもうけられている空間である．

それでは，公共的空間のない状態はどのようなものだろうか．アーレントは，公共性が失われた生の境遇を「私的」(private)という語によって形容する．

> 「私的」という語が，「奪われている」(deprived)というそのもともとの意味合いにおいて重要になるのは，公共的領域の多元的な意義についてである．完全に私的な生活を生きるということは，何よりもまず，真に人間的な生を生きるうえで本質的な事柄が奪われていることを意味する．つまり，他者によって見られ，聞かれるという経験……から生まれるリアリティを奪われていることを意味する．私的な生から奪われているのは，他者の存在である．他者の視点からすれば，私的な生を生きる人は現われず，それゆえあたかも存在しないかのようである．
> （志水速雄訳『人間の条件』ちくま学芸文庫，1994年，87-88頁．強調は引用者）

「私的」であるということは他者の存在が失われていることを意味する．この文章は，膨大な人びとの生から「他者によって見られ，聞かれるという経験」を実際に剝奪した20世紀の政治的暴力のあり様を示唆している．アーレントがおそらく思い描いているのは，

戦間期に「場所なき者たち」(displaced persons)とよばれた人びと，たとえば「ユダヤ人」という集合的表象の暴力によって公共的空間から「場所」を奪われた人びとである．

「場所なき者たち」は，しかし，過去のものとなったわけではない．他者の存在を欠くがゆえに，「あたかも存在しないかのように」生きることを余儀なくされている人びとは今日においても夥しい．他者による応答の可能性を喪失した生を，アーレントは「見棄てられた境遇」(Verlassenheit)とよぶ．この境遇におかれている人びとには，「あなたの席＝場所はもうけられている」という言葉はとどきがたい．なぜなら，公共的空間が暗黙のうちに及ぼす排斥の力は，この境遇に生きる人びとによってしばしば内面化されてしまうからである．アーレントは，公共的空間から追放された人びと＝「パーリア」にとっての根本の問題をつぎのように描く．

> パーリアと社会の抗争は，社会がパーリアを適切に取り扱うかどうかといった問題とは関係がない．問題は，パーリア(it or he)がリアルな存在であるかどうかという点に端的にかかっている．社会がパーリアに与えることのできる，そして現に与えている最大の苦しみは，彼の存在のリアリティと存在意義を彼自身に疑わせ，彼を彼自身の眼から見ても非実在(non-entity)の位置に還元することである．("The Jew as Pariah: A Hidden Tradition," in *Jewish Social Studies*, No. 6, 1944, p. 114)

見棄てられた者たちの問題とは，彼らが自らの「存在意義」を自分で疑うことにある．「私的」に生を生きることは，人びとをして自

らの「リアリティ」に疑いをいだかせる．それは，余計者であるという感覚を惹き起こすだろう．

> 見棄てられていることは……根を絶たれた，余計者の境遇と密接に関連している．根を絶たれたというのは，他者によって認められ，保護された場所を世界にもっていないということである．余計者ということは，世界にまったく属していないことを意味する．（大久保和郎・大島かおり訳『全体主義の起原』3, みすず書房, 1974年, 320頁）

役に立つかどうかという「功利主義」的な尺度で測るかぎり，この世界は「余計者」で溢れている．有用か無用か．有能か無能か．人間を測るこの判断規準は，生きるに値するか否かという尺度と紙一重のものである．その冷酷さにはさすがに堪えがたく，どこかでその規準が緩められるとしても，無用な者たちにはいわば「恩恵」としての生存が付与されるだけだろう．「あなたの席はもうけられている」とはおよそほど遠い「席」である．それは，少なくとも，あなたの自由のための場所ではない．アーレントがその関心を集中するのは，あくまでも自由のための——誰もが「行為への権利」(the right to action)，「意見への権利」(the right to opinion) を奪われない政治的な自由のための——場所である．

> 彼ら〔場所なき者たち〕は，政治的には（もちろん個人的にはそうではないが），確信をもつ能力と行為する能力を奪われた．そしてこうした能力は，それ自体，ある一つの権利によって保証

されないかぎり機能しえないことが判明した．……諸権利をもつ権利——これは，人びとがその行為と意見にもとづいて他者から判断されるという関係の成り立つシステムのなかに生きる権利のことをいう．（大島通義・大島かおり訳『全体主義の起原』2，みすず書房，1972年，280-281頁）

公共的空間とは，自̇ら̇の̇「行為」と「意見」に対して応答が返される空間である．それは，集合的な表象が個々の「行為」や「意見」とは無関係に投げ返される空間ではない．アーレントは，この空間を人びとから奪うあらゆる力に敏感に反応する．その政治的感度に欠落があるとすれば，それは，「行為」と「意見」において他者の前に現われること，このことに現実的なチャンスを与えるために人びとは何を必要とするか，という問いに対してである．生命の必要が——「恩恵」としてではなく——充たされるということは私たちにとってけっして自明ではない．

　ともあれ，アーレントの描く公共的空間は，人間を有用かどうかで判断する空間ではない．あらゆる「功利主義」的思考はこの空間のなかでは失効する．それは，利用価値のあるもの，所有しうるものの空間ではない．それは，共通の尺度で測ることのできないもの，共約不可能なものの空間である．なぜなら，一人一人の生は他に還元することのできない「比類のない」(unique)ものだからである．

　　複数性(plurality)が人間の行為の条件をなすのは，私たちは人間であるという点ですべて同一でありながら，誰一人として，過去に生きた他者，現に生きている他者，将来生きるであろう

他者とけっして同一ではないからである．（前掲『人間の条件』
　　21頁）

ここで引いてきたいくつかの文章は，本書において，公共性——そ
れが私たちの生にとって外在的な何かでないことはすでに明らかだ
ろう——を考えていく際の導きの糸となるはずである．以下，第I
部「公共性——その理念／現実」では，公共性をめぐる近年の言説
を概観しながら，公共性の条件とは何かを明らかにしたい．公共性
の現実がどのような排除の力をもっているか，という問いもあわせ
て取り上げる．第II部「公共性の再定義」では，カント，ハーバ
ーマス，アーレントの公共性論の核心と思われるものを浮かび上が
らせ，さらに，社会国家や親密圏が公共性とどのような関係にある
のかを生／生命の保障という視点も組み入れながら検討していく．
最後に，自己の生／生命の諸相に公共性がどのようにかかわってい
るかをあらためて振り返る．

　本論に移る前に「公共性」という言葉の若干の「用語解説」を試
みておきたい．やや図式的な説明になるが，この言葉が与えるだろ
う曖昧模糊とした印象を少しでも拭いとっておこう．一般に「公共
性」という言葉が用いられる際の主要な意味合いは，つぎの三つに
大別できるのではないかと思う．
　第一に，国家に関係する公的な(official)ものという意味．この意
味での「公共性」は，国家が法や政策などを通じて国民に対してお
こなう活動を指す．たとえば，公共事業，公共投資，公的資金，公
教育，公安などの言葉はこのカテゴリーに含まれる．対比されるの

は民間における私人の活動である．この意味での「公共性」は，強制，権力，義務といった響きをもつはずである．

　第二に，特定の誰かにではなく，すべての人びとに関係する共通のもの(common)という意味．この意味での「公共性」は，共通の利益・財産，共通に妥当すべき規範，共通の関心事などを指す．公共の福祉，公益，公共の秩序，公共心などの言葉はこのカテゴリーに含まれる．この場合に対比されるのは，私権，私利・私益，私心などである．この意味での「公共性」は，特定の利害に偏していないというポジティヴな含意をもつ反面，権利の制限や「受忍」を求める集合的な力，個性の伸張を押さえつける不特定多数の圧力といった意味合いも含む．

　第三に，誰に対しても開かれている(open)という意味．この意味での「公共性」は，誰もがアクセスすることを拒まれない空間や情報などを指す．公然，情報公開，公園などの言葉はこのカテゴリーに含まれるだろう．この場合には，秘密，プライヴァシーなどと対比される．この意味での「公共性」にはとくにネガティヴな含みはないが，問題は，開かれてあるべきものが閉ざされているということだろう．一例を挙げれば，水道と木陰とベンチと公衆トイレがある空間は，人間にとっていわば最後のセイフティ・ネットを意味するが，それをしも奪い，公園を閉ざされた空間にしようとする動きがあるのは周知のとおりである．

　興味深いのは，いま挙げた三つの意味での「公共性」は互いに抗争する関係にもある，という点である．たとえば，国家の行政活動としての「公共事業」に対しては，その実質的な「公共性」(publicness)——公益性——を批判的に問う試みが現におこなわれている

し，国家の活動がつねに「公開性」(openness)を拒もうとする強い傾向をもつことはあらためて指摘するまでもないだろう．とくに関心を惹かれるのは，「共通していること」と「閉ざされていないこと」という二つの意味の間の抗争である．両者を同一の平面におけば，「共通していること」はほとんどの場合「公共性」を一定の範囲に制限せざるをえず，「閉ざされていないこと」と衝突せざるをえない局面をもつからである．

　ここで「公共性」という言葉にまつわるもう一つの問題にも触れておきたい．ジャーナリズムやよりアカデミックな言説に近年盛んに登場する「公共性」あるいはそれに類似する用語，つまり「公共(的)空間」「公共(的)領域」「公共圏」，それに「公開性」といった言葉は相互にどのように異なるのか，という問題である．論者各様の好みもあるので，これをきれいに整理することは難しいが，つぎの二つの次元を区別することはできる．その一つは，複数形で扱うことができる「公共」である．これは，一定の人びとの間に形成される言論の空間を指すものであり，本書では「公共圏」という言葉をこの意味で用いる(英語では "publics"，ドイツ語では "Öffentlichkeiten")．もう一つは，単数形で表現されるものであり，本書では主に「公共的空間」という言葉を用いる(英語では "public space" ないし "public sphere"，ドイツ語では "Öffentlichkeit")．これは，さまざまな「公共圏」がメディア(出版メディア・電波メディア・電子メディア等)を通じて相互に関係し合う，言説のネットワーキングの総体を指す．「公共圏」が特定の人びとの間での言説空間であるとすれば，「公共的空間(領域)」は不特定多数の人びとによって織りなされる言説の空間である．チャールズ・テイラーの表現をつ

かえば,「公共圏」は「特定の場所をもった」(topical)な空間,「公共的空間」は「特定の場所を超えた」(metatopical)空間といいかえることもできる(Charles Taylor, "Liberal Politics and the Public Sphere," in *Philosophical Arguments*, Harvard U. Pr., 1995, p.263).

「公開性」という言葉は論議のプロセスや情報が外部に開かれているという限定した意味で用いる.これに当たる英語 "publicity" はそのまま「パブリシティ」という日本語にもなっているが,それは,「パブリシティを高める」(知名度をあげる)というように使用されるマーケティングや広告の戦略用語でもあり,開かれていることの批判的な含意を重視する本書では用いない.「公共性」という言葉は規範的な意味を込めて用いていくが,その規範的意味は,これから見ていくように,単一の次元に完結するものではない.

目　　次

　はじめに

I　公共性──その理念／現実

第1章　「公共性」の位置 …………………………… 1
　1　「公共性」をめぐる近年の言説 ………………… 1
　2　公共性と共同体 …………………………………… 5

第2章　公共性と排除 ………………………………… 8
　1　公共性へのアクセス ……………………………… 8
　2　対抗的公共圏と孤独 ……………………………… 14

II　公共性の再定義

第1章　市民社会と公共性 …………………………… 21
　1　啓蒙＝公共性のプロジェクト …………………… 23
　2　市民的公共性 ……………………………………… 28
　3　合意形成の空間 …………………………………… 33

第2章　複数性と公共性 ……………………………… 37
　1　現われの空間 ……………………………………… 37
　2　共通世界と意見の交換 …………………………… 45

3　社会的なものへの批判の陥穽 ……………… 52

第3章　生命の保障をめぐる公共性 ……………… 62
　1　ニーズを解釈する政治 …………………………… 62
　2　公共的価値と社会国家 …………………………… 64
　3　社会国家の変容 …………………………………… 72
　4　社会的連帯の再生をめぐって …………………… 83

第4章　親密圏／公共圏 ……………………………… 89
　1　親密圏の発現 ……………………………………… 89
　2　親密圏と公共圏・家族 …………………………… 92
　3　親密圏の政治的ポテンシャル …………………… 95

終　章　自己と公共性 ………………………………… 101
　　　　――生／生命の複数の位相と公共性の複数の次元

III　基本文献案内 ──────────────── 109

　　あとがき ……………………………………………… 119

装丁＝桂川　潤

I　公共性――その理念／現実

第1章　「公共性」の位置

1　「公共性」をめぐる近年の言説

　日本の社会で「公共性」という言葉が人口に膾炙(かいしゃ)するようになったのはそう前のことではない．つい20年ほど前までは，「公共性」という言葉は多くの人にとって否定的な響きをもっていたのではないかと思う．「公共性」は官製用語の一つであり，それが語られるコンテクストもごくかぎられていた．それは，鉄道，道路，発電所，港湾などの建設を推し進めようとする政府が，「公共事業」に異議申し立てを唱える人びとを説き伏せるための言葉，あるいは，生命・生活の破壊を訴える権利主張を「公共の福祉」の名の下に退け，人びとに「受忍」を強いる裁判官の言葉だった．いずれにしても「公共性」は，公式的な「公共性」が専有する言語であり，「国家の公共性」をも問題化しうる可能性を宿した批判的な言語としてはまだ定着していなかった．「滅私奉公」の国家イデオロギーがそう遠い過去のものではなかった時期に，国家の行政活動を正当化するマジック・ワードに疑念と不信がいだかれるのは当然のことだろう．

　「公共性」という言葉が立場を異にするさまざまな論者によって

肯定的な意味でしかも活発に用いられるようになってきたのは，1990年代を迎える頃からである．この言葉が肯定的な意味合いを獲得するようになったコンテクストの一つは，国家が「公共性」を独占する事態への批判的認識の拡がりである．すでに60年代末以降，公共事業を含む政府の「公共政策」には，それが惹き起こす自然環境や生活環境の破壊に対して，住民運動あるいは市民運動という形をとった抗議が提起されてきた．国家活動の「公共性」に対するそうした批判的な問題意識は，バブル崩壊後に国家の財政破綻の事実が露わになるにつれ，広く一般に共有されるようになる．エコロジカルな意識の浸透も与って，公共事業の公益性は疑問に付され，むしろそれは，官僚の組織防衛のために，職業政治家による「集票マシーン」への利益誘導のために喰いものにされてきたのではないかという疑念がもたれるようになる．90年代には他方で，ボランティア団体，NPO（非営利組織），NGO（非政府組織）など市民によって自発的に形成されるアソシエーションにも注目が集まるようになり，国家と市場社会（market society）の双方から区別される市民社会（civil society）の独自の意義が強調されるようになった．

こうした動きを，「市民的公共性」の生成という仕方で要約するならば，それは，長らく民間の次元に自発的な公共性——「つながりとしての公」（溝口雄三）——が育たないと批判され続けてきた政治文化にとっては，たしかに歓迎すべき事態ではある．「市民的公共性」は，90年代後半の各地の住民投票に見られるように，「公共性」（公益性）を定義する権利を国家の独占から奪還し始めている．国家がその「公共性」の定義を一方的に押しつけることは，たしかに困難になりつつある．しかし，他方で公共的空間における十分な

議論を経るべき重大な争点について,政府与党の意思が「市民社会」によるさほどの抵抗を受けることもなく通ってしまった事態をどのように見るべきだろうか(ここでは,99年に周辺事態法,住民基本台帳法,通信傍受法,国旗・国歌法,出入国管理法の改定,団体規制法といった一連の法制化がおこなわれたことを念頭においている).この点で,「市民的公共性」の政治的関心は,少なくともいまのところ,そうした争点にはあまり感応しない仕方で編成されているのではないか,という疑問ももたざるをえない.

1990年代には,人びとの間の次元に公共性が形成されるようになる一方で,そうした水平的次元の公共性をあからさまに蔑視する別種の「公共性」論が台頭してきた.それは,「公共性」をナショナリズムによって再び定義しようとする思潮である(小林よしのり『戦争論』〔幻冬舎,1998年〕,佐伯啓思『市民とは誰か』〔PHP新書,1997年〕,西尾幹二編『国民の歴史』〔産経新聞社,1999年〕などを参照).その基本的な特徴は,「公共性」を共同体の延長においてもっぱら「国民共同体」と解する点にある.それはこう主張する.「公共性」は,戦後社会において個人主義や私生活主義の野放図な進展によって破壊を余儀なくされてきた.「公共性」の空洞化に対抗するためには,「祖国のために死ぬ」覚悟を核心に含んだ市民=公民としての徳性が,国家の教導によって積極的に涵養されねばならない.「私民」から「公民」への脱皮をはかることがこの国民共同体の課題である,と.

この立場にたつ論者は,しばしば,1980年代に主に英米に現われた共同体主義(コミュニテリアニズム)の用語を援用する.たとえば「市民的徳性」(civic virtue)はその一つだが,注意が必要である.というのは,共同体

主義はたしかに共同体の成員が共有すべき「共通善(コモン・グッド)」を積極的に定義しようとするが,共同体主義のいう共同体はあくまでも非国家的な共同体である(リベラルな国家は「余所者どうしの共同体」にすぎないということがこの立場によるリベラリズム批判のポイントの一つである).したがって,共同体主義は諸々の共同体をユニットとする多文化主義を積極的に擁護する.しかし,このことは国民共同体の再統合を主張する立場には当てはまらない.この立場のいう「市民的徳性」は端的に「国民道徳」を指している.それはまた,国民が私益や私権の主張を超えて「公共の事柄」(res publica)に関心をもつべきことを強調するが,その「公共の事柄」の内実とはもっぱら国家の安全保障や公共の秩序の防衛を指している.この立場は「共和主義(リパブリカニズム)」を自称することもあるが,正確にネオ・ナショナリズム(もしくは新保守主義)とよばれるべきだろう(テッサ・モーリス゠鈴木が指摘するように国民を至高の共同体として語るネオ・ナショナリズムのレトリックはグローバルな拡がりをもっている〔「グローバルな記憶・ナショナルな記述」,『思想』890号を参照〕).

公共性を人びとの間を超えた次元に「国民的なもの」として位置づけるこの思潮は,「公共性」(公益)を国益と同一視し,グローバリゼーションの条件のもとで日本が国際競争=「経済戦争」に勝ち抜くことを求める経済的なナショナリズムとも親和的な関係にある.グローバリズムにはナショナリズムの再興をもって対抗せよ,という基本スタンスが共有されるわけである.

近年の「公共性」をめぐる言説のなかには,このように,公共性とは異なる価値,公共性とはまったく相容れない価値を声高に語るものも少なくない.「公共性」という言葉をいたずらな混乱のなか

に陥れ，それを無意味なものとしてしまわないためには，ある程度の形式的なスクリーニングは避けられない．公共性がどのようなものではないかを明らかにするという仕方で，公共性の条件とは何かを明らかにしていこう．

2 公共性と共同体

公共性と共同体にはどのような違いがあるのだろうか．まず指摘できるのは，共同体が閉じた領域をつくるのに対して，公共性は誰もがアクセスしうる空間であるという点である．公共性はドイツ語では "Öffentlichkeit" と表現されるが，その語源は「開かれている」という意味の "offen" である．オープンであること，閉域をもたないことが公共性の条件である．この条件は「外」を形象化することによって「内」を形象化する共同体には欠けている．

第二に，公共性は，共同体のように等質な価値に充溢された空間ではない．共同体は，宗教的価値であれ道徳的・文化的価値であれ，共同体の統合にとって本質的とされる価値を成員が共有することを求める．これに対して，公共性の条件は，人びとのいだく価値が互いに異質なものであるということである．公共性は，複数の価値や意見の〈間〉に生成する空間であり，逆にそうした〈間〉が失われるところに公共性は成立しない．

第三に，共同体では，その成員が内面にいだく情念(愛国心・同胞愛・愛社精神等々)が統合のメディアになるとすれば，公共性においては，それは，人びとの間にある事柄，人びとの間に生起する出来事への関心(interest)——interest は "inter-esse"(間に在る)を

語源とする——である．公共性のコミュニケーションはそうした共通の関心事をめぐっておこなわれる．公共性は，何らかのアイデンティティが制覇する空間ではなく，差異を条件とする言説の空間である．

最後に，アイデンティティ（同一性）の空間ではない公共性は，共同体のように一元的・排他的な帰属 (belonging) を求めない．公共的なものへの献身，公共的なものへの忠誠といった言葉は明白な語義矛盾である．公共性の空間においては，人びとは複数の集団や組織に多元的にかかわること (affiliations) が可能である．かりに「アイデンティティ」という言葉をつかうなら，この空間におけるアイデンティティは多義的であり，自己のアイデンティティがただ一つの集合的アイデンティティによって構成され，定義されることはない．

このように公共性は，同化／排除の機制を不可欠とする共同体ではない．それは，価値の複数性を条件とし，共通の世界にそれぞれの仕方で関心をいだく人びとの間に生成する言説の空間である．

それでは，公共性は市場や国家とはどのように異なるだろうか．ごく手短に要点のみを述べよう．

市場は，共同体のように閉域をつくるわけではない．それはまた，集合的アイデンティティへの排他的同一化を要求するわけでもなく，特定の誰かを排除するわけでもない．市場はむしろ，ある人びと（現下の労働市場に適合する能力をもつ者）に共同体的拘束からの退出を可能にする自由の空間でもある．にもかかわらず，市場は公共性の空間ではない．第一に，市場のメディアは貨幣であり，それは価値の間の質的な差異に対してあくまでもニュートラルである．市

場における人びとの行動を制御するのは同一の価値であり,そこでは同一の価値の量的な多寡のみが妥当する.第二に,市場は,ごく一部の例外(文化財市場など)を除けば非人称の空間である.言葉の交換と商品・貨幣の売買との決定的な違いは,前者においては,誰がその言葉を語ったかという人称性が意味をもつということにある.

　公共性は人びとの差異を中和化する市場ではないが,それと国家との違いはどこにあるだろうか.まず,国家を国民の共同体の意味に解するかぎり,公共性と国民国家との相違はすでに明らかだろう.検討が必要なのは,民主的な法治国家という意味での国家についてである.民主的な法治国家というのは,公共性において形成される人びとの意思を正統性の唯一の源泉とする国家である.この場合,公共性は法治国家の組織原理としてそのなかに組み込まれているという見方もできる.しかし,国家が強制力をもって実現すべき価値を解釈し定義するのは,国家ではなく公共性である.この点は,集合的意思決定をおこなう議会を国家の機関と見なすか,それとも公共性の一次元として位置づけるかという問題にも触れるが,いずれにしても,国家は公共性のある限定された次元を担うにすぎず,そのすべてを包含するわけではない.後にカントに即して見るように,言説の空間としての公共性にはそもそも国境は存在せず,そこでの言論のテーマも狭義の政治的意思形成・決定には還元されえない.

第2章 公共性と排除

1 公共性へのアクセス

　公共性をとくに共同体と対比し，それが閉域をもたない空間であることを強調した．しかし，公共性は閉じられていないということを語るだけならば，それは，公共性の言説空間を現に規定している権力関係から私たちの眼を逸らさせることになる．公共的空間は開かれているにもかかわらず，そこにはつねに排除と周辺化の力もはたらいている．何が公共性にアクセスする途を封じ，それを非対称的なものにしているかは，できるだけ冷静に認識しておく必要がある．

　まず，公共性からのフォーマルな排除について見よう．政治的な意思形成・決定過程からの制度上の排除は，いまだ解決されていない問題である．近代の市民社会は，政治的公共性への入場資格を「教養と財産」をもつ男性に限定することによって成立したこと，社会契約の論理が女性を公共性から排除する「性的契約」(キャロル・ペイトマン)の論理をともなっていたこと，そしてそれが階級や性別のみならず人種主義や異性愛主義(ヘテロセクシズム)などによる排除をもともなってきたことは，あらためて指摘するまでもないだろう．政治的公共性にアクセスする途を特定の人びとに対して塞いできた障壁は，排

除されたマイノリティ自身による運動——女性解放運動や公民権運動など——も与って、ほぼこの1世紀の間にそのほとんどが取り除かれてきた．おそらく最後の制約として残っているのは，国籍による排除である．

政治的権利(選挙権・被選挙権)はたしかに閉じたメンバーシップを要求する．問題は，ある歴史的条件のもとで，そのメンバーシップを国籍によって定義するのが妥当かどうかということである．国籍の取得が純粋に形式的な要件(居住年数等)によって容易になされるのであれば問題はない．しかし，日本国籍は「血統」(「出生地」ではなく)によって定義されるものであり，しかも過去の植民地主義の歴史——在日・韓国朝鮮人の国籍を戦後(1952年)，一方的に剝奪した歴史を含め——がそこに刻まれている．国籍取得に著しい困難がある場合にとりうる選択肢は，政治的権利を享受する資格(citizenship)を国籍(nationality)から切り離すことである．デモクラシーの原理は端的にいえば誰からもその発言権(voice)を奪わないことにある．この点で，日本の政体は，一方でさまざまな義務を求めながら，他方では政治的な発言権を否認するという明らかな「専制」の要素をなおもとどめているのである(司法判断は，地方自治体における選挙権については合憲的とするにいたった．国政レヴェルにおける選挙権・被選挙権が承認されるためには憲法それ自体の改正もしくは国籍法の改正が必要になる)．

つぎに少し立ち入って検討したいのは，公共性からのインフォーマルな排除の問題である．とくに注目したいのは，「言説の資源」(discursive resources)という眼に見えない資源が公共性へのアクセスをいかに非対称的なものにしているかという点である．所得や資

産などのマテリアルな資源が重要でないわけではない．たとえば，人前にでるのに恥ずかしい思いをしないですむもの（衣服や靴）を身につけることはつとにアダム・スミスが強調した人間にとっての基本的必要である（大内兵衛・松川七郎訳『諸国民の富』II，岩波書店，1969年，1252頁）．そうした経済的格差がまた，教育を受ける機会の格差，情報の収集・分析・発信の能力の格差などに如実に反映されることはあらためていうまでもない（マイケル・ウォルツァーが述べるように，貨幣は目下のところ他のほとんどの財にコンバート可能な財なのであるから〔山口晃訳『正義の領分』而立書房，1999年〕）．これに加えて，公共的空間へのアクセスを大きく左右するものとして，自由時間という資源がある．生活の必要から解放され，自由時間を得ることが「政治的な生(ビオス・ポリテイコス)」を生きるための条件であることは古代ギリシアまで遡る認識だが，いまや「時間の貧困」(time-poverty)は物質的貧困に脅かされない人びとにとっても切実な問題となっている．たとえば，仕事と家事の「二重負担」は，公共的空間にアピールすべき問題を抱えている人びとが，自由時間という資源の欠如ゆえにそれに十分にアクセスできずにいるという悪循環の典型を示している．

「言説の資源」は，公共性への実質的なアクセスを根本から左右する．というのも，公共性におけるコミュニケーションは，ほかでもなく言葉というメディアを用いておこなわれるからである．そこでは，「言説の資源」に恵まれた者たちが「ヘゲモニー」（文化的・政治的に他者を指導する力）を握る．この資源は量的な多寡ではなく質的な優劣によって測られる．たとえば，かりに同じ内容が語られるとしても，その発話が明瞭であるかどうか，要を得ているかど

うかの違いは，コミュニケーションの行方に大きな影響を及ぼす．文化の支配的なコードをすでにわがものとしているかどうかが，「言説の資源」の優劣を規定するわけである．そうした文化的コードは言説にとって外在的なものではなく，まさに言説の実践を通じて構成されるものであり，公共性は，このコードからは自由ではありえない(かりに貨幣や権力から自由でありえたとしても)．

　言説の資源は，第一に，人びとがどのような語彙をもっているかにかかわる．自らの問題関心を説明し，他者を説得しうる理由を挙げるためには，当面のコンテクストに相応しい(とされている)言葉をある程度自由に使用できることが必要である．もし，問題を論じるための適切な語彙に乏しいとすれば，そうした言説は周辺に追いやられることになる．言説の資源の格差は，日常知の間の非対称性だけでなく，専門知と日常知との非対称性という形をとることもある．たとえば，金融・医療・先端科学技術などをめぐる争点について，公共的空間の論争を実質的にバイパスする仕方で意思決定がおこなわれる傾向が顕著になってきている．そうした言説の資源の格差にもとづく支配(technocracy)を批判的に制御するためには，専門家に説明責任(アカウンタビリティ)を課し，日常言語への翻訳を求めるだけではなく，専門知をもって専門知を批判しうる対抗的な言説をその外部にもつことも必要である．

　第二に，見過ごされやすい問題だが，言葉をどのように語ることができるかという言説のトーン(語り方・書き方)は，重要な資源の一つである．「合理的」とされている語り方は，感情の抑制，明瞭な発話，話の簡潔さなどを暗黙のうちに求めている．逆に，「黄色い」声，「うざったい」語り口などが，その内容が問われる以前に，

公共の言説の空間から遠ざけられることはけっして稀ではない．とりわけ身体性が前面にでる語り方が排除されるという傾向は，現在の文化的コードがどのように編成されているかを暗示してもいる．

　第三に，本書の関心にとって最も重要なのは，公私の区別をわきまえ，公共の場に相応しいテーマを語らなければならないという暗黙の規範的要求の問題である．言説の資源は，その意味で，場に相応しい主題を選択できるかどうかという能力にもかかわっている．「個人的なもの」を差し控えることのできない言説は排除の対象となる．

　この問題が重要なのは，「公共的なもの」は，何を「個人的なもの」「私的なもの」として定義するかによって反照的に定義されるからである．公共的領域と私的領域の境界は固定したものではなく，何をもって「私的」とするかという言説によって書き換えられる．近代の「公共性」の定義にとって決定的な意味をもったのは，宗教や信仰をめぐる事柄を「私事化する」(privatize)ことによって，それらを公共的な争点から除き去ることであった．身体とりわけ性的な事柄も，一方では「生命‐権力」の標的とされつつも，不可視のパーソナルな次元に位置づけられてきた．近代の「公共性」は，多くのテーマを「私的なもの」とすることによって自らを定義してきたのである．このことは，逆にいえば，公私を分ける境界線は言説に依存する流動的なものであり，言説以前のもの，政治以前のものではないということを意味している．

　「個人的なことは政治的である」(The personal is political)という一時期のフェミニストの標語は，従来の公私の境界設定を問題化しようとする意図を端的に表している．それは，性別役割分業を正当

化する言説によって公共性から排除されてきた家事労働やケア・ワークなどを政治的な争点としてとらえ返そうとする対抗的な言説の好例である．ドメスティック・ヴァイオレンスやセクシュアル・ハラスメントなどに見られるように，この間，私的な「不運」(misfortune)，個人的に解決すべき（堪え忍ぶべき）問題として語られてきた多くの事柄が公共的な「不正義」(injustice)としてとらえ返されるようになってきた．また，家族の手によってなされるべき「私事」として語られてきた介護についても，まがりなりにも公的な制度がもうけられるようになった．公私の境界の変化をもたらすのは，境界を超えて語る言説の実践の累積的な効果である．

こうした経験は，公共性をめぐる理論にも影響を与えてきた．たとえば，ユルゲン・ハーバーマスは，ある時期まで，普遍化可能な規範的言説とその可能性を見込めない価値評価的言説とを峻別し，後者を公共の討議から排除するという立場をとってきた．しかし，近著『事実性と妥当』(*Faktizität und Geltung: Beiträge zur Diskurstheorie des Rechts und des demokratischen Rechtsstaats*, Shurkamp, 1992)では，公共の討議はあらゆるテーマに開かれたものとして位置づけられている．意思形成の空間はあらゆる問題提起に開かれていなければならないという要求と，社会全体を拘束する集合的な意思決定は特定の価値に依拠すべきではないという要求とは矛盾しない．公共的空間は，公私の境界をめぐる言説の政治がおこなわれる場所であり，公共的なテーマについての言論のみがおこなわれるべき場所ではない．何が公共的なテーマかはコミュニケーションに先行して決定されているわけではないのである．

2 対抗的公共圏と孤独

「私的なもの」として語られてきた事柄を「公共的なもの」として再定義しようとする場合，一人一人による散発的な異論の提起には限界のあることが多い．自己主張を自ら抑制し，既存の権力関係を攪乱しないかぎりでかろうじて生きる場所を与えられるということが現にあるからである（要田洋江『障害者差別の社会学——ジェンダー・家族・国家』岩波書店，1999年）．文化の支配的なコードに対して挑戦することは，やはりある程度の勇気と覚悟を要求する．「言説の資源」という点で劣位にあるマイノリティにとっては，そうした限界に挑むうえで，自分たち自身の言説の空間を創出することが有効である．公共的空間において一般に私事と見なされている事柄は，この空間では共通の関心事として取り上げられる．アテンションの配分＝配置(エコノミー)は再編され，これまでマジョリティによって無視され，黙殺されてきた事柄に焦点があてられる．

こうした言説の空間は，ナンシー・フレイザーのように「対抗的な公共圏」(counter publics)とよばれてもいいし（「公共圏の再考——既存の民主主義批判のために」，クレイグ・キャルホーン編，山本啓・新田滋訳『ハーバマスと公共圏』未來社，1999年），あるいは「オールタナティヴな公共圏」(alternative publics)とよばれてもいい．いずれにしても，この公共圏では，支配的な公共圏とは相対的に異なった「言説の資源」が形成される．そこでは，自分たちの「ニーズ」に外から与えられた解釈を問題化し，自分たちに貼り付けられた「アイデンティティ」なるものを疑問に付し，「異常である」「劣ってい

る」「遅れている」といった仕方で貶められてきた自分たちの生のあり方を肯定的なものとしてとらえ返し……という再解釈・再定義の実践が試みられるだろう．そこではまた，優勢な公共圏とは異なった言説のモード——たとえば一人称の物語り——や多彩なレトリックが重んじられるかもしれず，逆に，経験の形跡に裏打ちされない言葉やあまりにも理路整然とした物言いは信頼をかちえないかもしれない．

　この公共圏では，自分が語る意見に耳が傾けられるという経験，少なくとも自分の存在が無視されないという経験が可能となる．第II部でも見るように，対抗的な公共圏の多くは，それを形成する人びとの具体的な生／生命に配慮するという「親密圏」としての側面もそなえている．自らの言葉が他者によって受けとめられ，応答されるという経験は，誰にとっても生きていくための最も基本的な経験である．この経験によって回復される自尊あるいは名誉の感情は，他者からの蔑視や否認の眼差し，あるいは一方向的な保護の視線を跳ね返すことを可能にする．自己主張をおこない，異論を提起するためには，自らがある場所では肯定されているという感情がおそらく不可欠である．

　対抗的な公共圏において形成され，そこから提起される言説が，支配的な公共圏をはじめとする他の公共圏の言説にどのように影響を与えるかは一義的にはいえない．支配的な言語を用いながら意思形成・意思決定の空間に参入し，問題の認識と共有を求めていく場合もあるだろう．狭義の政治過程から離れて，文化のコードを書き換えていくような新しい解釈やパースペクティヴを提起していく場合もあるだろう．いずれにしても，そうした行為が公共的空間を政

治化する効果をもつことはたしかである．つまりそれは，現状のアテンションの配分゠配置(エコノミー)を幾分かは再編し，これまで問題ではなかったものを問題として浮かび上がらせるだろう．公共的空間で用いられる言語にも新たな意味のズレをもたらし，ニーズや価値の解釈・定義をめぐる抗争を惹き起こすだろう．

あるいはここで，対抗的な公共圏は共同体とどのように異なるのかという疑問がもたれるかもしれない．つまり，マイノリティによる政治的な抵抗は，共同体の特徴——集合的アイデンティティへの同一化，内部における価値の等質性など要するに同化／排除の機制——を色濃く帯びた「アイデンティティの政治」(identity politics)の形をとるのではないか，という疑問である．たしかに，支配的な集団との間の緊張が極度に高い場合に，集団としての統合と凝集性が強く前面に押しだされ，成員が集団への過剰な自己同一化——「傷ついた愛着 (wounded attachment)」(ウェンディ・ブラウン)——をおこなうこともないわけではない．しかし，「アイデンティティの政治」は，それ自体一つの支配的な言説であることも忘れるべきではあるまい．それは，対抗的集団をその「共通の本質」や「共通の属性」によって結ばれたもの，つまり「われわれ」のものではない何かによって統合されたものとして表象させる効果をもつ（たとえば，サミュエル・ハンチントン『文明の衝突』〔鈴木主税訳，集英社，1998年〕はその典型である）．それは，人びとがそれぞれ抱えてきた問題を「共通の問題」として定義していく言説のプロセス，同じような経験を「共通の経験」として解釈していく言説のプロセスを捨象し，「彼ら」と「われわれ」の違いを何らかの本質によって定義する．そのように本質主義的な仕方で表象されるとき，対抗的な公

共圏は「公共性の他者」「コミュニケーションの他者」として支配的な公共圏の外部に排除されることになる.

対抗的な公共圏との関連で言及したいのは,言説の公共圏を形成しがたい条件のもとにある人びとについてである.「はじめに」で触れた「孤独」(loneliness)あるいは「見棄てられた境遇」(Verlassenheit)の問題である. アーレントが見るように,この境遇の問題は,人びとが「他者に見られ,他者に聞かれるという経験」を失うということにある. それは,他者の不在という堪えがたい状況に堪えることを人びとに強いる(念頭にあるのは主に都市部の高齢者であるが,育児や介護に長期間縛り付けられている人びとも含まれる). マイノリティとして自らを理解し,自らの公共圏をつくりだしていくための最低限の資源,つまり他者の存在がこの境遇には欠けている. 孤独な境遇を生きざるをえない人びとは,その意味で,公共的空間から最も隔たったところに位置している(誤解のないように付言すれば,「孤独」〔loneliness〕と「一人でいること」〔solitude〕とは異なる. 後者は,他者との関係から自分だけの空間へと自ら退去することであり,思考という内的対話を始めるための条件でもある).

公共性に現にどのような排除があるかを振り返るとき,おそらく最も重要でかつ最も困難な問題は,ある人びとを孤独な境遇に追いやっている,それとして意識されない「分断」(segregation)の問題だろう. 困難だというのは,そうした境遇からはほとんどメッセージが届かないがゆえに,私たちは,問題を無視する以前に,問題があるということそれ自体を忘れることができるからである. 誰もが陥りやすい境遇であるにもかかわらず,それを見えないもの,聞こえないものにしているのが,私たちの現在のアテンションのあり様

である．重要だというのは，「見棄てられた境遇」は，現在の公共性がどのような価値を中心にしているかを逆に鮮明に照らしだしているからである．つまりそれは，「余計者」でもあり同時に「口の死せる（mundtot）者」でもある人びとを膨大に生みだす価値の編成のされ方を浮かび上がらせている．

　マイノリティ以前の孤独という問題は，アイデンティティをめぐる承認の問題と同じくらい，あるいはそれ以上に根の深い問題であるように思える．というのも，孤独という生の境遇が提起しているのは，アイデンティティに対する承認（recognition）というよりも，存在に対する肯定（affirmation）だからである．自分は居なくてもよいのではないかという存在のリアリティに対する疑いは，他と異なった自らの生き方が等しい価値をもつものとして，尊重され，承認されていないことへの怒りや悲しみよりも，より痛切なものであるだろう．

　孤独という問題を「私事」ではないものとして受けとめようとすれば，やがては文化そのものの質を問わざるをえなくなる．役に立つ——立たないという有用性の規準が妥当する空間はたしかにあるだろう．問題は，そうした空間が途方もなく膨張し，私たちの生のほとんど全域を包み込んでしまっていることにある．アーレントは多くの人間をたえず「余計者」としていく「功利主義的思考」の浸潤を問題化したが，そうした思考は，無用とされるものをただちに切り棄てることが「正答」とされるところにまで行き着いてしまった．公共性を排除のない民主的空間と描きだそうとするのであれば，無用とされる人びと，「用済み」とされる人びとをつくりだすことを自明なこと，当然のこととして考える惰性態（イネルシア）としての思考習慣を根

底から問い直す必要がある．本書では，人間が有用かどうかで判断されるのではない公共性の次元に光を当てることによって，この問題を考えていくための一つの端緒にしたいと思う．

II　公共性の再定義

第1章　市民社会と公共性

　現在でこそ公共性はポジティヴな意味で用いられているが，19世紀半ばからおよそ1世紀の間，公共性はネガティヴにとらえられてきたと見てよい．その一つの典型は，『存在と時間』(1927年)のなかで「公共性」を「世人」(das Mann)が支配する領域として描いたハイデガーだろう．ハイデガーによれば，「公共性」は，人びとが「互いの異なりや際立ち」を失い「混入し合う」存在様式しか許さない非本来性の空間である．「平均性」や「迎合」といった「公共性」をめぐる特徴づけは，「公共性」を「水平化の主人」とよんだキルケゴールを想い起こさせる．彼の『現代の批判』(1846年)は，「公共性」への正面からの批判としてはおそらく最も早い時期のものであり，そこでは，ほぼ半世紀前にカントが啓蒙(「文筆の自由」)のメディアとして高く評価した出版は，「すべての人びとを合わせたよりももっと多勢の軍隊」，「個体化の原理」を威圧する巨大な抽象を生みだすメディアと目されている．

　「公共性」に対して敵対的なのは実存哲学の系譜に属する思想家だけではない(コミュニケーション可能性を真理の条件としてとら

えたヤスパースは例外に属する).『存在と時間』とほぼ同じ頃, カール・シュミットの『現代議会主義の精神史的地位』(1923年)は, 民主的な法治国家の組織原理たるべき「公共性」が凋落している様を痛烈に指弾した.「新聞の論説, 集会の演説, 議会の討議から真実かつ正当な立法と政策が生まれるという信念」は失われた. かつて絶対主義の秘密政治に対する憤激から生まれた「公開性」は閉ざされた扉の背後での少人数の決定に再び道を譲った.「公開性と討議が議会運営上の現実において空虚で取るに足らぬ形式と化してしまっているとすれば, 19世紀において発達した議会もまたその従来の意味を失ってしまっている」と.

同じ頃, アメリカでは, ジャーナリストのウォルター・リップマンがやはり「公共性」の現実に醒めた診断を下していた. 彼の名は『世論』(1922年)によって知られているが,『幻影の公共(公衆)』というタイトルをもつ書も著している(*The Phantom Public*, 1925). リップマンもやはり, 大衆社会における人びとの関心が消費へと向かい, この私事化の趨勢がもはや避けがたいことを認めたのである. 公衆が「幻影」でしかない以上, 政治的権威はエクスパートの手に委ねられねばならないというのがこの書の主張である. その後間もなく, ドイツでは, 公共性が流動性の高い大衆動員の空間となってしまったことが現実に立証される. ナチスは街頭とラジオ放送という公共性のメディアを最大限に活用しながら, 大衆を全体主義の運動に向けて動員していくのである(佐藤卓己「ファシスト的公共性——公共性の非自由主義モデル」, 岩波講座 現代社会学24『民族・国家・エスニシティ』1996年参照). 公共性は, 脱 - 政治化と過 - 政治化という両極に振幅する, いずれにしても信頼をおくことのできない危険な空間と

して眺められることになる．

1　啓蒙 = 公共性のプロジェクト

　公共性を，人びとの個体性・単独性を威圧するコンフォーミズムの力もしくは公開性と討議がぬけの殻となった「幻影」と描く20世紀前半の支配的な文脈を振り返れば，アーレントの『人間の条件』(*The Human Condition*, 1958)とハーバーマスの『公共性の構造転換』(*Strukturwandel der Öffentlichkeit : Untersuchungen zu einer Kategorie der bürgerliche Gesellschaft*, 1962)は，やはり，「公共性」を論じる磁場を大きく変化させる意味をもっていたと見るべきだろう．まず，ハーバーマスが提起した「市民的公共性」あるいは「市民社会」に形成される公共性の意味を明らかにしていこう．

　まず確認すべきことは，『公共性の構造転換』にしても，公共性の現実をけっして肯定的に眺めていたわけではないという点である．ハーバーマスが同時代に看て取ったのは，「操作的な公開性」であった．マス・メディアは特権的な利害の顕示のための機会を提供し，大衆はその操作的な力に曝されている．彼らは，「文化産業」(アドルノ)が繰りだすシンボルを唯々諾々と受容しているにすぎない．文化の領域で批評の空間が失われるのと同様，政治の領域においても議論と批判は空洞化する．経済的影響力は地下の水路を通じて政治の場に流れ込み，人びとは多彩に演出される政治的シンボルの前で，ただ「大衆的忠誠」(「国民的コンセンサス」なるもの)を出力するだけの受動的な立場に甘んじている．政治的争点は公共の論議の場から巧妙に取り除かれる．正統性は審議会・諮問委員会等の疑似

公共的な空間から直接調達され，政治的意思決定は人びとの議論の空間から乖離していく．公開性は，公権力の活動を監視する批判から，「合意の工学」による操作へとそのヴェクトルの向きを転じている．

公共性は，人びとの間に形成されるものではなく，人びとの前で繰り広げられるものに変容し，かつて王侯や聖職者がその権力と威光を民衆に見せつけた「示威的公共性」の様相を再び呈している．公共性は，「議論の空間」から「スペクタクルの空間」へと変質し，そこでは最もプライヴェートなもの(たとえば政治家の性的な振舞い)が最も公共的なトピックになるという逆説が起こる．このような公共性の実態は，かつてカール・シュミットが暴露した事態と基本的には変わらない．シュミットは，すっかり色褪せた公共性の現実を後目に，政治の場所を「言説の空間」から「闘争の空間」に置き換えていく方向――「説得」から「決断」に移行する方向――に舵を切っていった．これに対してハーバーマスが選んだのは，18世紀の市民社会が育んだ公共性の潜勢力を再び甦らせるという途であった．それは，カントが「啓蒙とは何か」(1784年)において提起した啓蒙の理念を再構成し，同時代のいわば再魔術化された公共性の実態に対置するという戦略である．

「自ら自身の悟性を用いる勇気をもて！」という標語をもつ〈啓蒙〉のプロジェクト．このプロジェクトは〈公共性〉のプロジェクトをその核心に含んでいる．頼るのをやめなければならない他人の「悟性」――それはカントにとって，旧来の思考習慣であるとともに，啓蒙専制君主とその官吏たちの「悟性」，人民の生存と生活に配慮する福祉行政(ポリツァイ)の「悟性」でもある．〈啓蒙〉とは，そうしたパタ

ーナリズムの「あんよ紐」を断ち切り自立的に思考する力を獲得することである．だが，それは，一人一人の個人が独力で成し遂げうるようなプロジェクトではない．「自立的思考」(Selbstdenken)は公共性の空間においてはじめて育まれうる．

> 各個人にとって，ほとんど自分の天性になってしまった未熟状態を脱することは困難である．それどころか彼はその状態を愛着してしまっており，自分自身の悟性を使用することが現在のところ実際にできなくなっているが，これは彼がそのような使用を試みることをいまだかつて誰からも促されなかったがためである．さまざまな規約や法式，これは各人の自然的資質を理性的に使用する，あるいはむしろ誤用するための機械的な道具であり，いつまでも存続する未成年状態の足枷である．……しかし，個人ではなく公衆が自ら自身を啓蒙することはそれ以上に可能であり，実際，そのことは公衆に自由さえ許されているならばほとんど不可避であるといってよい．（「啓蒙とは何か」，小倉志祥訳『カント全集』第13巻，理想社，1987年，40頁）

自立的思考は自由を必要とする．人びとが互いに自らの思考を公然と他者に伝える自由である．〈啓蒙〉のプロジェクトは，公共性の空間をそうした自由が実践される場所として位置づける（公衆が互いを自立的思考に向けて触発し合うというカントの構想は，同じく「啓蒙とは何か」を論じながら，個人の啓蒙＝進歩は可能だが人類は一定の限界のなかにとどまるほかないとするモーゼス・メンデルスゾーンの考えと鋭い対照をなしている）．

> 私たちは，人間からその思考を公共的に伝える自由を奪う外的な権力は，同時にその人の思考する自由をも奪うといって差し支えない．この思考する自由は，市民生活において私たちに残されている唯一の財産であり，これによってのみ，現状におけるすべての害悪に対する療法をこうじることが可能となる．
> (「思考の方向を定めるとは何か」，門脇卓爾訳『カント全集』第12巻，1966年，25頁)

「思考する自由」にとって「思考を公共的に伝える自由」は必須の条件である．アーレント——彼女は『カント政治哲学の講義』においてこの文章に着目した——にしたがって，思考を「内的対話」としてとらえるならば，思考とはそれ自体ある種の公共的空間である．なぜなら，複数の異質な「自己」が存在するのでなければ対話は成り立ちえないからである．そして，そうした「内的対話」を可能にするのは現実の他者との間の対話である．他者の思考に触れ，それによって現状の思考習慣が動揺するとき，私たちの思考は始まる．「見棄てられた境遇」とは，他者から見棄てられることだけでなく，自分自身——「内的対話」のパートナー——からも見棄てられることでもあるとアーレントがいうのは，そのためである．

　カントは，思考を他者に伝える自由を「自らの理性をあらゆる点で公共的に用いる自由」とよぶ．理性を公共的に使用するとは，自らの属する集団の利害や自らのおかれている社会的立場に拘束されず，公衆一般に向けて自らの意見を表明することである．この場合，カントのいう「本来の意味での公衆(Publicum)」は「世界市民社会」の成員を指している．公開性は徹底的であり，「理性の公共的

な使用」は国境にも妨げられない．他方「理性の私的使用」は，自らが属する集団のために理性を使用することである．興味を惹くのは，公職に就く者がその「公共体の利害」のために奉仕することが「理性の私的使用」のカテゴリーに含められている，という点である．公権力の機構は，カントにとっては，「本来の意味での」公共性ではないのである．啓蒙＝公共性のプロジェクトは，自らの共同体（国家を含む）の利害とされているものに反した意見を表明する自由を擁護する．理性を公共的に使用するということは，共同体の他者に向けて発言することであり，カントのいう公共性は共同体を超えて語るこの自由の実践をいかなるときにも支持するのである．

　ハーバーマスが「コミュニケーション的自由」という概念を用いて再構成するのは，この「理性を公共的に使用する自由」の理念である（ただし，ハーバーマスはこの自由を，合意形成へと強く方向づけたために，それが含んでいる批判的ポテンシャルをかなり殺いでしまったと見ることもできる）．また，ハーバーマスがカントに見いだした公共性のもう一つの重要なモメントは「批判的公開性」の原理である．

> あらゆる法的要求は公開性が可能であることを自らのうちに含んでいる．なぜなら，公開性の形式を欠くならばどのような正義もありえず（正義とはただ公共的に知られうるものとしてのみ考えることができる），したがってまた，法はただ正義によってのみ許されうるものであるから，どのような法もありえないからである．……つぎの命題を公法の超越論的方式とよぶこ

とができる．すなわち，「他の人びとの権利に関係しているすべての行為は，その格率が公開性と合致していないならば，不正である」．（宇都宮芳明訳『永遠平和のために』岩波文庫，1985年，99-100頁）

カントの論旨は明快である．公開性は，不正を認識するための批判的尺度を提供する．公開性は正義を推定すべき根拠を直接私たちに与えてくれるわけではない——たとえば他を圧倒的に凌駕する権力をもつ者はその意思を隠す必要はない——が，公開性の拒絶は，その意思が不正義であることを推定すべき根拠を私たちに与える．公衆の批判的吟味に対する十分な開放を拒むような立法（政治的意思決定）は，何らかの不正の要素を隠していると判断されてしかるべきなのである．カントにとって，啓蒙とは人類が正義にかなった秩序に向かってしだいに接近していくプロセスを意味するが，政治的な意思決定過程が公衆の批判的な吟味に開かれていることは，そうした秩序に近づいていくための不可欠の条件なのである．「真理ニアラズシテ権威ガ法ヲツクル」というホッブズの命題は，ここに完全に逆転される．公開性がもたらす公衆の批判的論議は，無秩序ではなく秩序の原因としてとらえ直されるのである．

2 市民的公共性

『公共性の構造転換』の議論は，ハーバーマスがカントから得た二つの鍵概念，つまり「コミュニケーション的自由」と「批判的公開性」を軸に展開されていると見ることができる．この書が提起し

II 公共性の再定義　29

た「市民的公共性」概念についてはすでに多くの紹介・解説がなされており，つぎのポイントだけを確認するにとどめよう．すなわち，市民的公共性は基本的に「公権力に対する批判的領域」として位置づけられており，ハーバーマス自身もいうようにリベラル・モデルの特徴を色濃く帯びている，ということである．市民的公共性のアクターは市場の財産主たちであり，彼らの目的は国家の活動に限界を画し，その恣意性を制御することにある．この書のいう「市民社会」(die bürgerliche Gesellschaft)とは「市場社会」のことであり，「政治的支配の合理化」とはこの社会の自律性を確保することにほかならない．市民的公共性は，政治権力の外部に位置し，それを外側からチェックする審級であり，その主要な関心は「私的自律」つまり政治権力からの自由にある．

　市民的公共性は，1870年代以降，後期資本主義が進展するにつれ崩壊の途を進んでいく．市民社会の国家からの分離という前提が国家の介入によって失われるからである．すでに見たように，それは，貨幣メディアと権力メディアが融合し，それらが公共性を操作の空間に変えてしまうところにまで行き着く．そうした公共性の歪曲に対して『公共性の構造転換』が示した処方箋は，まだ枯渇しきってはいない「批判的公開性」の潜勢力を掘り起こし，それを「操作的公開性」の趨勢に対抗させるというものであった．つまり，「批判的公開性」の原理を，国家の市民社会に対する権力行使に適用するだけでなく，今度は経済的権力が政治的権力に翻訳されていく過程に対しても及ぼそうというものである．ハーバーマスがこの時点で構想したのは，有力な組織(マス・メディアを含む)の成員が組織内のデモクラシーを確立することを通じて，組織と組織との間，

組織と国家機構の間における権力の交換過程を制御していくというプログラムだった．公共的空間の再生の希望は，組織に組み込まれた諸個人が自らの組織を内部から民主化していく努力に託されたわけである．

その後ハーバーマスは，公共性の空間を組織利害が競合する経済的領域から切り離していく方向にプログラムを組み替えていく．そうした方向転換にも影響を与えた「市民的公共性」概念に対する批判としてはつぎに挙げるものが重要である．第一に，市民的公共性の実質は市民層(ブルジョワジー)の公共圏であり，それは絶対主義の公権力と宮廷・教会等の文化的権威に対抗する一方で，より劣位の公共圏——地方や都市下層の「人民的公共圏」など——を抑圧する関係に初めからあった．第二に，この市民層の公共圏には，近代家父長制のイデオロギーが深く刻印されており，女性の排除(女性の「主婦化」)はこの公共圏の存立にとって本質的な意味をもっていた．第三に，そのように「公共性の他者」を排除する市民的公共性は，対内的には等質の一次元的な空間であった，という批判である．

『公共性の構造転換』の描く市民社会＝市場社会はアダム・スミスのいう「自然的自由の体系」に限りなく近い．それは，公権力の恣意的な介入から守られているだけでなく，内部における経済的権力の不均衡をも免れている．そこでは，目下二級市民の地位に甘んじている人びとも，「能力と勤勉と幸運」さえあれば財産主＝一級市民の地位を獲得することができる．読書し，論議する批判的な市民は同時に国民文化の主要な担い手でもあるという点を措くとしても，このように描かれる市民社会はあまりにも均質である．政治的抗争はもっぱら市民社会と国家との間にあり，市民社会の内部には

II 公共性の再定義

存在しない.「市民的公共性」概念の最大の難点と思われるのは,それが公共的空間から権力の非対称性と価値対立の契機を取り除いてしまっているということである.公共性は,抗争の契機をはらむ異質な公共圏からなる多義的な空間としてはとらえられていない.人びとの間に形成される公共性の空間を脱 - 政治化する傾向は,ハーバーマスの思想の一つの特徴である.

『公共性の構造転換』からほぼ30年後に著わされた「新版序文」や『事実性と妥当』では,公共性が位置づけられる場所は大きく変化している.それは,非国家的であるだけでなく同時に非市場的な領域としての「市民社会」(Zivilgesellschaft)である.この意味での市民社会を形成するのは「自由な意思にもとづく非国家的・非経済的な結合」である.市民社会のさまざまな結社が政治的意思形成のための言説の空間としての機能をはたすとき,それは「公共圏」とよばれる.そのなかには行政システムや経済システムとの距離が近いもの(政党や業界団体など)も含まれるが,ハーバーマスが重視するのは両システムからの(相対的な)自律性を維持する「自律的公共圏」(die autonome Öffentlichkeiten)である(たとえば市民フォーラム,市民運動,非営利団体,ボランティア団体など).

『公共性の構造転換』と比較すれば,政治的公共性の担い手の像が変化していることは明瞭である.それを担うのはもはや「組織化された集団の成員」ではなく「自発的に結社に集う諸個人」である.組織に拠るデモクラシーから結社に拠るデモクラシーへの構想の転換の背景には,一方で,理性を公共的に使用するにはあまりにも分厚い組織利害の壁に対する再認識,他方で,60年代末以降に形成され,定着した対抗文化と「新しい社会運動」(富の分配ではなく

「生活形式の文法」を争点とするフェミニズム,エコロジー,反核・反原発などの運動)への評価がある.もちろん「批判的公開性」の理念が放棄されるわけではないが,公共性にとっての課題は,国家や有力な組織の活動に対する批判的な監視から,討議を通じた積極的な政治的意思形成,政治的アジェンダの設定へと移る.リベラリズムから共和主義(リパブリカニズム)(非国家的な次元での政治的自治の実践を重視する思想)への重心移動が見られる,といってもよいだろう.「私的自律」(政治的権力の制約による個人的自由の確保)から「公共的自律」(政治的自由の実践による政治的権力の創出)への力点の変化である.

『事実性と妥当』によれば,政治的公共性は「社会全体にかかわる諸問題を感知し主題化する」という役割を果たす.察知された問題は自律的公共圏における討議を経て,公共性の空間に向けて広く提起されていく.そこで公共的な争点として一般に認められるようになれば,それは「政治システム」(議会等,意思決定がおこなわれる「制度化された公共圏」)におけるアジェンダとされていくことになる.つまり政治的公共性は,さまざまな公共圏が「コミュニケーション権力」(反省に媒介された議論の力)を形成し,それを政治システムに向けて出力する空間として位置づけられるわけである.この議論のポイントは二つある.一つは,「行政権力」は経済的権力等の他の権力から生みだされてはならず,「コミュニケーション権力」のみをその発生源としなければならないということ.もう一つは,「コミュニケーション権力」それ自体が意思決定の権力となるべきではないということである.意思決定は政治システムの次元でなされなければならず,政治的公共性は意思形成=公論の形成の枠

のなかにとどめられねばならない．

　ハーバーマスが危惧するのは，直接デモクラシーがポピュリズム——十分な議論のプロセスを経ることなく支配的なシンボルやムードへの順応によって急速な意思形成・決定がおこなわれる政治——に陥る可能性である．この恐れはけっして不当ではないが，それと同時に，政治的公共性と政治システムとの間の連携が弱まり，後者が前者から自らを切り離し，自己展開を始めるという事態も考慮に入れられるべきだろう．直接デモクラシーが誤りうるのと同様に間接デモクラシーも誤りうる．重要なのは，どちらか一方をとることではなく，いずれも陥りうる誤りを有効にチェックし，修正することのできる制度をデザインしていくことである．政治文化の質にもよるが，これまで代議制デモクラシーの優位を支持してきた知識と情報の格差という前提は，すでに自明のものではなくなっている（イアン・バッジ，杉田敦ほか訳『直接民主政の挑戦』新曜社，2000年）．

3　合意形成の空間

　よく指摘され，そしてよく批判されるように，ハーバーマスは，公共圏のあるべき姿を合意を形成していくための討議(ディスクルス)の空間としてとらえている．討議は，「よりよい論拠（理由づけ）」のもつ力以外のあらゆる権力の作用が無効にされているコミュニケーションの反省形態である．そこでは，金銭にものをいわせること，権力のサンクションをもちだすことはもちろん禁じられているが，のみならず，「みんながそうしているから」とか「それが当たり前だ」といった仕方で既存の文化的コードに訴える言説も効力を失う．討議に

参加する者は，より合理的と思われる論拠のみを受け容れ，それを自らの意思形成の動機づけとするのでなければならない．参加者がそうした「合理的動機づけ」をもつかぎり，不合理な論拠はしだいに退けられ，やがては参加者の間に一定の合意が形成されていくはずである．道徳規範の妥当性や政治権力の正統性はそうした合意によって根拠づけられねばならない，というのである．

たしかに，討議は基本的に合意を産出することを目的とするコミュニケーションである．しかし，ハーバーマスの討議概念を正当に評価するためには，合意形成の裏面にも眼を向ける必要がある．すなわち，既存の「合意」の批判的解体という側面である．討議においては，これまで通用してきた規範の自明性は括弧に入れられ，それが承認に値する妥当性をもつかどうかあらためて主題化される．それは，現状の規範が批判的に吟味され，「予め用意された同意」が解体されるチャンスにも開かれている．討議はそのかぎり，既存の権力関係を反省するという「共同の学習過程」としての側面をもつ．この学習過程は，参加者のパースペクティヴから見れば，自らがこれまでいだいてきた道徳的確信，政治的判断，価値規準が他者の批判に曝される過程である．自ら自身に対する批判的距離の獲得は，モノローグのうちで独力でなされうるものではなく，他者との現実のダイアローグを必要とする．カントが掲げた啓蒙＝公共性のプロジェクトは，このように継承される．

ハーバーマスの議論を詰めていけば，批判・反省の過程と合意形成の過程とが並行するという保証は失われるだろう．既存の「合意」の批判的解体が新たな合意の形成としては進行せず，「よりよい論拠」かどうかを判断する尺度，すなわち何をもって合理的とす

るかの規準そのものが問題化されるだろう．討議は，透明な合意に収斂する代わりにアポリア（行き詰まり）を産出するはずである．そうしたアポリアは，当面の集合的な意思決定が避けられないコンテクストにおいては，暫定的な妥協の形成によって乗り超えられるほかないだろう（「妥協」といっても力の均衡を図る戦略的交渉の産物ではなく，「合理性」をめぐる価値解釈の複数性を一義的なものに強引に解消することを避け，議論が未完のものであることを了解し合うという意味でのそれである〔この点については，平井亮輔「妥協としての法——対話的理性の再編に向けて」，井上達夫ほか編『法的思考の再定位』東京大学出版会，1999 年を参照〕）．討議にとって，合意を産出すること以上に重要なのは議論の継続（再審の可能性）を保証する手続きを維持することである．

ハーバーマスは，こうした問題を察知しながらも，共通の確信の批判的解体がそれに代わる新たな確信の形成としておこなわれうるかのように討議のプロセスを描いた．合意形成の契機が批判・反省の契機に優位するかぎり，討議は，それに参加する者を「正常化する」効果をもつという批判は正しい．そこでは，「よりよい論拠」が何を意味するかについての支配的な想定をすでに自らのものとしている言説がヘゲモニーをもち，それとは異質な「合理性」をもつ言説は，その場にとどまるかぎり，合理性についての「正常な」想定を受け容れることを求められるからである．皮肉なことに，現状の規範の妥当性を批判的に吟味すべき「学習過程」は自らを「正常化する」という意味での「学習過程」にもなる．

ハーバーマスの描くコミュニケーションは差異（化）を抑圧するという批判は，ポスト・モダニズムの主唱者ジャン゠フランソア・リ

オタールなどによって，これまでも繰り返しなされてきた．ここでは，そうした論争の詳細に立ち入る必要はない．というのも，一方が合意の形成，「共約可能なもの」の形成が不可避であることを強調し，他方が合意の解体，「共約不可能なもの」(パラロジー)の創出と発見を主張するかぎり，両者の議論はあるところですれ違わざるをえないからである．こうした議論のすれ違いを避けるためには，コミュニケーションには単数のモードしかないわけではなく，コンテクストに応じた複数のモード(討議，レトリック，物語り，挨拶等々)があるという認識が必要である．ハーバーマスがそこに焦点を当てるように，暫定的な合意の形成，可謬的な意思決定が避けられないコンテクストはたしかにある．そこでは，目下の主題についてより妥当な論拠を識別するための規範的・批判的規準はたしかに不可欠である．問題は，ハーバーマスがそうした政治的な意思決定をめぐるコミュニケーションにおいても，意見の複数性を乗り超えられるべき与件と見なしていることにある．討議は合意が形成される過程であると同時に不合意が新たに創出されていく過程でもある．合意を形成していくことと不合意の在り処を顕在化していくことは矛盾しない．討議が開かれたものであることの意義は，不合意に公共的な光が当てられることにある．意思決定の「可謬性」を重視するということは，意思形成過程そのものにおける不合意に意図的にアテンションを向けるということでもあり，形成された合意に対する外部からの批判を待つということだけに尽きるわけではない．

第2章　複数性と公共性

1　現われの空間

　アーレントとハーバーマスの公共性論は，見方によってはかなり重なり合う部分が多い．実際，ハーバーマスによる「コミュニケーション的行為」と「道具的行為」との対比は，アーレントによる「行為」(action)と「労働」(labor)・「製作」(work)との区別に依拠したものである．また，先に触れた「コミュニケーション権力」の概念も，権力を暴力や強制力から峻別するアーレントの考え方――「権力は共同の行為(joint action)と共同の協議(joint deliberation)から生まれる」(志水速雄訳『革命について』ちくま学芸文庫，1995年，426頁)――に着想を得たものである．公共性を同じように言葉以外の力を排した言説の空間として規範的に描くアーレントとハーバーマスの違いはどこにあるだろうか．

　ハーバーマスはアーレントを取り上げたある論考において，つぎのように述べている．「政治的なものの概念は，政治権力をめぐる戦略的競争や政治組織における権力の行使にまで拡張されなければならない．政治は，ハンナ・アーレントにおけるように，共同で行為するために互いに語り合う人びととの実践（プラクシス）と同一ではありえない」(小牧治・村上隆夫訳『哲学的・政治的プロフィール』上，未來社，1984年，

347頁).ハーバーマスの批判は,たしかにアーレントの「政治的なもの」にどのような次元が欠落しているかを的確に衝いているが,問題は,彼がアーレントのいう「政治的なもの」の意味を理解しえているかどうかにある.結論を端的にいえば,ハーバーマスは,アーレントの公共性を共通の意思形成の空間に還元してしまっている.彼が『事実性と妥当』においてもなお,アーレントをもっぱら共和主義の思想家,つまり国家に回収されない政治的空間における公共的自由の実践を強調する思想家として見なしているのはそのためである.人びとが「互いに語り合う」のは「共同で行為するため」だけではないということを,ハーバーマスはとらえきれていないのである.

　アーレントにおいて,公共性は,二つの次元,「現われの空間」および「世界」にかかわる.

> 「公共的」(public)という言葉は,二つの分かちがたく結びついただがまったく同一ではない現象を指している.第一にそれは,公共的に現われるあらゆるものは各人によって見られ,聞かれうるということ,したがって,最も広範な公開性(publicity)をもっているということを意味する.私たちにとっては,現われ——私たちのみならず他者によっても見られ,聞かれるもの——がリアリティを構成している.……第二に,「公共的」という言葉は,世界そのものを指し示している.それは,私たちすべてにとって共通のものであり,私たちがそこに私的に占める場所とは異なったものである.……世界は,人為的なもの,人間の手によって作られたものを表すとともに,人間の手にな

る世界に共に生きる者たちの間に生起する事柄をも表している．世界に共に生きるということは，ちょうどテーブルがその周りに席を占める人びとの間にあるように，物事からなる世界がそれを共有する人びとの間にあるということを本質的に意味している．世界はあらゆる〈間〉(in-between)がそうであるように，人びとを関係づけると同時に切り離す〈間〉である．(前掲『人間の条件』75-79 頁)

「世界」という意味での公共性についてはしばらく措くとして，まず，「現われの空間」(the space of appearance)としての公共性の意味を少し踏み込んで探ってみよう．それは，人びとが行為と言論によって互いに関係し合うところに創出される空間，「私が他者に対して現われ他者が私に対して現われる空間」である．「現われの空間は人びとが共に集うところにはどこであれ潜在的には存在する．しかし，それはあくまでも潜在的にであって，必然的にでもなければ永遠にでもない」(同前，321頁)．この空間は，人びとの間で行為や言論が交わされるかぎり存続するものであって，けっして永続するものではないという点は了解するとして，「潜在的には」という限定はどのように解すべきだろうか．人びとの間に「現われの空間」が成立するためには，どのような条件が必要なのだろうか．「すべての人びとは行為することができ言葉を話すことができる．にもかかわらず，ほとんどの人は現われの空間のなかに生きていない」(同前．強調は引用者)．

このことを理解するためには，アーレントによる「誰」(who)と「何」(what)との区別をおさえておく必要がある．「何」は，たとえ

ば，男性であるとか，中年であるとか，父親であるとか，公務員である……といった仕方で描かれる，ある人の「アイデンティティ」である．こうした「属性」とされているもの，あるいは「社会的地位」とされているもの——後に触れるように「社会的なもの」の問題の一つは，「個人をつねに社会的枠組みのなかでその人の地位と等しいものと見なす」ことにある（同前，64頁）——などによって描かれるとき，その人は他者と共約可能な位相におかれている．ある人は「何」という位相に関するかぎり他の人びとと交換可能である．「ほとんどの人びとが現われの空間のなかに生きていない」のは，私たちがほとんどの場合，互いを「何」として処遇するような空間のなかに生きているからである．そうした空間を「現われの空間」と対比して「表象の空間」(the space of representation)とよぼう．「表象」とは，他者の行為や言論を「何」という位相，すなわち他の人びとと共約可能な位相，入れ替え可能な位相に還元する眼差しのことである．表象の眼差しで見られるかぎり，私は，他者の前に「現われる」ことはできない．表象が支配的であるその程度に応じて「現われ」の可能性は封じられるのである．

日本人という表象，アイヌという表象，女性という表象，障碍者という表象，老人という表象，同性愛者という表象，ホームレスという表象……．表象をもって他者を眼差すこと，あるいは表象をもって他者に眼差されることは，私たちにとってごく日常の経験である．しかも，表象の視線は，政治的・経済的・社会的・文化的・身体的に優位にある人びとが劣位にある人びとをネガティヴに同定する「有徴化」(marking)と分かちがたく結びついている場合がほとんどである．それは，表象をもって眼差され，負のアイデンティ

ティを刻印される人びとにとっては，その心身を深く傷つける暴力のあからさまな源泉でもある．しかし，私たちは，そうした表象の暴力の幾分かはつねに生きてしまっている．というのも，私たちは，私たちが出会う他者をつねに何らかの仕方で表象しており，この「表象の空間」の外に完全に抜けでることはできないからである．「現われの空間」が可能だとしても，それは「表象の空間」の彼方に存在するわけではない．

　アーレントは，公共的空間を「人びとが自らが誰(who)であるかをリアルでしかも交換不可能な仕方で示すことのできる唯一の場所」(同前，65頁)として定義する．あるいはつぎのように述べる．「人びとは行為し語ることのうちで，自らが誰であるかを示し，他に比類のないその人のアイデンティティを能動的に顕わにし，人間の世界に現われる」(同前，291頁)．

　「誰」という「アイデンティティ」はその人の行為や言葉とは別のところにあるわけではない．その意味で「顕わにする」(reveal)というアーレントの表現は誤解を招きやすい．ある人の固有のアイデンティティなるものが先に存在し，それが言葉や振舞いを通じて表現＝外化されるというふうにも響くからである．すでに「思考」に触れて示唆したように，アーレントが描く自己の内部空間は多義的であり，そこには固有の一義的なアイデンティティなるものは存在しない．行為や言葉が他に還元不可能なものであると判断するのは，行為者ではなく，それを見聞きする他者である．「誰」というアイデンティティは，行為や言葉に対する他者の応答——「この一つのもの，交換不可能なもの，一義的なものとして私を認め，私に語りかける」(前掲『全体主義の起原』3，298頁)他者の応答——によっ

てはじめて生成する．アイデンティティは他者の存在を要求する．

> その人が「何」(what)であるか……の開示とは対照的に，その人が「誰」(who)であるかというこの開示は，その人が語る言葉とおこなう行為にすべて暗示されている．しかし……確実なのは，他者にはこれほどはっきりとまちがいなく現われる「誰」が，本人の眼にはまったく隠されたままになっているということである．それはちょうどギリシアの宗教のダイモン〔守護神〕のごときものである．ダイモンは，一人一人の人間に一生ずっととりついて，いつも背後からその人の肩を眺め，したがってその人が出会う人だけに見える．（前掲『人間の条件』291-292頁）

ある他者が私たちの前に「誰」として現われるのは，私たちがその他者にいだいている予期が裏切られ，私たちの「表象の空間」に裂け目が生じるときである．他者に対する完全な予期をあきらめることが，「現われの空間」を生じさせる条件である．予期するということは，予め決定するということである．予め決定してしまわないということが，他者が「誰」かとして現われるための条件，すなわち他者の自由の条件なのである．

> 行為するとは，最も一般的な意味では，イニシアティヴを引き受けること，始めること……何かを動かすということを意味する．人びとは始まり(initium)であるがゆえにイニシアティヴを引き受け，行為へと促される……．「人間が創られたとき，

それは「始まり」であり，その前には誰もいなかった」とアウグスティヌスはその政治哲学のなかでいった．それは「何」の「始まり」ではない．それは「誰」の「始まり」であり，この「誰」そのものが始める人なのである．人間の創造とともに，「始まり」の原理が世界のなかに導入された．このことは，いうまでもなく，自由の原理が創造されたのは人間が創造されたときであり，その前ではないということをいいかえたにすぎない．（同前，288-289頁）

「現われの空間」は，他者を有用かどうかで判断する空間ではない．それは，他者をどのような必要を抱えているかによって判断する空間でもない．「現われの空間」は，他者を一つの「始まり」と見なす空間，他の一切の条件にかかわりなく，他者を自由な存在者として処遇する空間である．他者を自由な存在者として処遇するということは，他者を非‐決定の位相におくという態度，予期せぬことを待つという態度を要求する．

「現われの空間」は，「誰」へのアテンションが，「何」についての表象によって完全には廃棄されていないという条件のもとで生じる．それは，予期せぬことへの期待が存在するという意味で，ある種の劇場的な空間である．そこには，個々のパフォーマンス（言葉や行為）における他者の現われに注目を寄せる「観客たち」(spectators)が居合わせている．

　　人間の行動についてはギリシア人もすべての文明人と同様に道徳的規準にしたがって判断した．しかし，行動(behavior)とは

> ちがって，行為（action）を判断できるのは，ただ偉大さ^{グレイトネス}という
> 〔美的〕規準だけである．なぜなら一般に受け容れられている事
> 柄を打ち破り異例のものに到達できるのは，行為の本性による
> からである．その際，通常の日常生活で真であるとされている
> ものがもはや妥当しなくなるのは，そこにあるものが他ならぬ
> ものであり，唯一のもの（sui generis）だからである．……偉大
> さ，すなわちそれぞれの行いの固有の意味は，ただパフォーマ
> ンスそのもののうちにのみ存在しうる．（同前，330頁）

この文章にも窺われるように，アーレントには，「現われの空間」を美的な空間として描く傾向がある．そのこと自体は間違いではない．というのも，「誰」の現われを評価するのに相応しい尺度は，善―悪や正―不正という一般化可能な規準ではありえないからである．「誰」は「何」とは異なって共約不可能である．それは，私が自らのものとしえないものであり，また他の人びとにも帰しえないものである．「現われの空間」は，私が所有しえないもの，私たちが共有しえないものへの関心によって成立する．共約不可能なもの，一般化不可能なものは，美的な尺度によって評価するほかはない．アーレントの問題は，「他ならぬもの」を「傑出したもの」と同一視しがちだという点である．彼女は，「現われの空間」をしばしば「アゴーン」の空間になぞらえる．「アゴーン」とは古代ギリシア，しかも民主政以前に遡る貴族政の時代に全盛を極めた武芸や文芸を激しく競い合う「技較べ」を意味する．アーレントは，「アゴーン」を他者に抜きんでようとする卓越^{アレーテー}への情熱が充溢する場所として描くのである．卓越としての異なりが強調されるかぎり，この空間

は，たしかに「ヒロイックな個人主義」(セイラ・ベンハビブ)の特徴を色濃く帯びている．しかし，そのように「他ならぬ」を「傑出した」に強固に結びつけて「現われの空間」を描くべき必然性はない．

　他者が現われることに興味をいだくのは，私たちがその他者ではないからである．私たちは他者の生を生きることができないからこそ，他者の行為と言葉を見聞きしようとする関心をもつのである．「現われの空間」を成り立たせるのは，他者の〈世界〉——誤解のないようにいえば，それはこれから取り上げる「共通世界」のことではない——の一端が開示されること，そうした世界開示への欲求なのである．「現われの空間」においては，私たちは完全に非対称的な位置にある(この場合の非対称性は，誰もが他者の位置をけっして占めることができない，立場交換が可能ではないという意味でのそれである)．したがって，その人の〈世界〉——空間的次元とともに時間的次元を含む——は，その人自身によって示されるほかはない．公共性のこの次元においては，私たちがその人の〈世界〉を表象(リプレゼント)することが不可能であるがゆえに，その人を代理＝代表(リプレゼント)することはできない．

2　共通世界と意見の交換

　アーレントのいう公共性には，「現われの空間」とは異なったもう一つの次元がある．それは「共通世界」への関心によって成立する公共性(「共通世界としての公共的領域」)である．「現われの空間」における他者性への関心と対比するならば，この場合には，私たちの「間」(in-between)にある世界への関心が公共的空間のメディア

となる.

　アーレントは「世界」という言葉を二重の意味で用いている. それは「製作」によって作りだされる人為的世界(human artifice)を意味するとともに,「行為」によって形成される人間的な事柄の世界(human affairs)——「人間関係の「網の目」」(the "web" of human relationships)——を意味する. ここで取り上げるのは, 後者の意味での「共通世界」である.「共通世界」の公共性が成立するための条件は二つある. 第一に, 世界に対する多種多様なパースペクティヴが失われていないこと, 第二に, 人びとがそもそもその間に存在する(inter-esse)事柄への関心を失っていないこと, である.

> 公共的領域のリアリティは, 数知れないパースペクティヴとアスペクトが同時に存在することにかかっている. そうしたパースペクティヴとアスペクトのうちに共通世界は提示されるのであり, それらに対して共通尺度や共通分母を案出することはできない. この公共的領域のリアリティは, あらゆるニーズを充足する共通分母としての貨幣をその唯一の基礎とする「客観性」とは異なっている. というのも, 共通世界は, あらゆる人びとが出会う共通の場所であるが, そこに姿を見せる人びとはそこで異なった場所を占めているからである. 二つの物体が同一の場所を占めえないように, ある人の立場が他者の立場に一致することはない. 他者によって見られ, 聞かれるということが意義をもつのは, あらゆる人びとが異なった立場から見聞きしているという事実のゆえである. ここにこそ公共的な生(public life)の意味がある.（前掲『人間の条件』85-86頁）

公共的空間は，共通世界に対する多元的なパースペクティヴが存在するときにのみ，それらが互いに交わされる空間としての意味をもつ．したがって，パースペクティヴの複数性が失われるとき，公共的空間はその終焉を迎える．世界をただ一つの観点から説明し尽くす全体主義のイデオロギーがそうした複数性を破壊することはいうまでもないが，『人間の条件』のアーレントの念頭にあるのは，全体主義というよりも大衆社会・消費社会のコンフォーミズムである．そこでは，単一の絶対的なイデオロギーによる均　斉　化（グライヒシャルトウンク）のために複数性が廃棄されるわけではない．共通世界そのものへの関心が失われ，それをめぐる判断が回避されるというシニシズムがパースペクティヴの縮減をもたらしているのである．アーレントは，あのアドルフ・アイヒマン（ユダヤ人移送の責任者であるナチス親衛隊官僚）の「思考喪失」——自立的思考および他者の立場にたって考える思考双方の欠落——を形容した「悪の凡庸さ」(the banality of evil)という言葉を用いて，同時代のある趨勢を特徴づけている．「ごくありふれた現代の現象，つまり判断することをまったく拒否するという広範な傾向……．自らの範例(example)，自らが共にありたいと望むもの(company)を選択することに対する躊躇・無能力，そして判断を通して他者にかかわっていくことへの躊躇・無能力から，真の躓きの石が生まれる．……この点にこそ恐怖が，それとともに悪の凡庸さがある」("Some Questions of Moral Philosophy," in *Hannah Arendt Papers*)．

〈世界への関心〉に取って代わっているのは〈生命への関心〉である．世界が人びとの〈間〉にあるのに対して，生命は人びとの〈内部〉にあ

る．大衆社会における公共的領域の消滅を説明するのは，この世界への関心の消失，「世界喪失」である．近代社会の人間にとっての根本経験は，アーレントの見るかぎり，マルクスのいう「自己疎外」ではなく，「世界疎外」(world alienation)である．つまり，信仰を失った結果，世界に投げ返されたのではなく，自己自身へと，自己の内部にある生命の過程へと投げ返されたという経験である．この生命過程は私の内部にあるだけではなく，どのような人びとの内部にもある．つまり近代の人間が「世界への配慮」の喪失と引き替えに手に入れたのは，厳密にいえば「自己への配慮」ではなく，万人にとって同一である「生命への配慮」なのである．「生命への配慮」がただちに公共性の喪失を惹き起こすかどうかには疑問の余地があるが，言葉が人びとの内部にあるもの——必要や欲望——を伝え，それを調整するためだけの貧困な道具になりさがり，人びとの〈間〉にあるものについての意見の交換のメディアではなくなってしまっている，という同時代への診断には真実性がある．

　公共的空間において意見と意見とが互いに交わされる様子を描くアーレントの筆致は豊かである（それは「ノスタルジア」とよばれるかもしれないが，失われたものを想起し，悼むことは現状の専制に対して政治的な力をもつことを心にとめておきたい）．

> 彼〔レッシング〕はただ，世界に起こる出来事や世界の事物についての絶え間ない，継続的な言説によって，世界を人間化することに関心を寄せていたにすぎません．……こうした語り合いは実際一人では不可能です．それは，多くの声が存在しているような領域，そして各人が何を「真理と見なすか」についての

表明が人びとを結びつけると同時に分離しているような、すなわちそれが世界を共に構成している人びとの間に実際ある距離を確立しているような領域に属するのです。この領域の外部にあるあらゆる真理は、それが人びとに善をもたらそうと悪をもたらそうと、文字通り非人間的なものです。人びとを敵対させ、離反させる恐れがあるからではありません。むしろ反対に、それが突如としてすべての人間をただ一つの意見に結び合わすような結果を生みだす恐れがあり、その結果、無限の複数性をもった人びとではなく、単数の人間、単一の種族とその類型だけがこの地上に住んでいるかのように、多くの意見のなかのただ一つだけが浮上することになるからです。こうしたことがもし起これば、あらゆる多様性をもった人びとの間の空間(the interspaces)という形だけをとることのできる世界は完全に消え失せるでしょう。(阿部斉訳『暗い時代の人々』河出書房新社、1986年、44頁)

これは「暗い時代の人々」と題するレッシング賞受賞講演の一部であるが、アーレントはレッシングのつぎの言葉でその講演を結んでいる。「各人をして彼が真理と見なすものを語らしめよ、そして真理そのものは神に委ねよ」。共通世界をめぐる言説の空間としての公共性からは、絶対的な真理は排されている。この空間は「人びとの言説の尽くしがたい豊かさ」が享受される場所であり、単数の真理が人びとの上に君臨する空間ではない。公共性は真理ではなく意見の空間なのである。意見はギリシア語ではドクサとよばれる。意見とは、「私にはこう見える」という世界へのパースペクティヴを

他者に向かって語ることである．世界は，私たち一人一人にとってそれぞれ違った仕方で開かれている．公共的空間における私たちの言説の意味は，その違いを互いに明らかにすることにあり，その違いを一つの合意に向けて収斂することにはない．むしろ，この空間においてはある一個のパースペクティヴが失われていくことの方が問題なのである．

> 世界から身を退くことは個人には害になるとは限りません．……しかし一人撤退するごとに，世界にとっては，ほとんどこれだと証明できるほどの損失が生じます．失われるものとは，この個人とその同輩者たちとの間に形成されえたはずの，特定の，通常は代替不可能な〈間〉in-between なのです．（同前，30頁）

ある人の意見が失われるということは，他にかけ替えのない世界へのパースペクティヴが失われるということである．ある人が公共的空間から去るということは，それだけ私たちの世界が貧しくなるということを意味する．なぜなら，正確にいえば世界そのものというものは存在せず，「世界はこう見える」が複数存在するだけだからである．意見とは，絶対的な真理でもなければ，あってもなくてもよいたんなる主観的な見解でもない．

　意見と意見が交わされる言説の空間には，諸々の意見の間で真─偽を識別する客観的規準は存在しない．この空間は真理を見いだすための空間ではないからである．かといって，それはあらゆる意見が等しい妥当性をもつ混沌とした空間でもない．意見は，意見と意

II 公共性の再定義　　51

見が交換されるプロセスのなかでより妥当なものに形成されうるものであり、そこには普遍的＝客観的な妥当性とは異なった妥当性の規準が存在する。アーレントはカントの「視野の広い思考様式」(eine erweiterte Denkungsart) の概念を用いながら、この事情をつぎのように述べる。

> この視野の広い思考様式は、判断力としてそれ自身の個人的な限界を乗り超えるすべを心得ているが、他方それは、厳密な孤立や孤独のなかでははたらきえない。つまりそれは「その人の立場」で思考しなければならない他者の存在を必要とする。視野の広い思考様式は他者のパースペクティヴを考慮に入れなければならず、他者を欠いてははたらくべき機会をけっしてもちえない。……判断力は、ある特有の妥当性をそなえているとはいえ、その妥当性はけっして普遍的ではない。その妥当性の要求は、判断する者が自らの考慮にあたってその人の立場に自らをおきいれた他者を超えて拡張することはできない。(前掲『過去と未来の間』298-299 頁)

意見＝判断をより妥当なものにするのは、自らとは異なったパースペクティヴが他者によっていだかれているという事実をわきまえ、他者のパースペクティヴを考慮に入れる——それが闇雲な感情移入(エンパシー)ではないことにアーレントは注意を促している——ことである。この他者の立場にあったら事柄はこのように違って見えるかもしれないという仮設的な思考における幅が、私たちの判断にそれだけの妥当性を与える。それがけっして普遍的な妥当性に達しえないのは、

私たちの視野に入っていない他者が世界にはつねに存在しているからである．逆にいえば，普遍的妥当性への要求はある種の傲慢(ヒュブリス)をともなっている．普遍的な妥当性をあきらめる(明らかに見ること)が，人‐間の根底的な複数性を廃棄しないための条件，「世界を他者と共有すること(sharing-the-world-with-others)」(同前)のための条件である．私たちは私たちのアテンションの範囲を飛び超えることはできないということ．他者がいるということはこのことを意味している．

3 社会的なものへの批判の陥穽

アーレントが公共的空間を救いだそうとしているのは，「社会的なもの」(the social)の支配からである．前述のように「社会的なもの」は，「行為」に代わって「行動」が人びとにとっての「正常な」活動様式となる領域である．「決定的に重要なのは，社会がそのあらゆるレヴェルにおいて，行為の可能性を排除しているということである……．社会は，その代わりに，無数のさまざまな規則を課すことによって，その成員の各々に一定の行動を予期する．そうした規則は，ことごとくその成員を「正常化し」(normalize)，彼らを行動させ，自発的な行為や際立った達成を排除する傾向をもつ」(前掲『人間の条件』64頁)．

行動とは，「規則」を再生産する活動様式，正常な規範にしたがった振舞いをすることを通じてその規範の効力をさらに強化していく活動様式のことである．行動は，すでに確立されている規範的な意味を反復する——この反復は定義上ズレをともなわない——こと

によって，それを正統化していく．アーレントの恐れは，人びとが，正常な規範にしたがう行動を繰り返すことによって，政治的に従順な生の様式へと馴致されてしまうことにある．フーコーが『監視することと処罰すること——監獄の誕生』(1975年)で見事に剔出した「規律権力」の目標，「経済的な有用性と政治的な従順さとの並行的増強」という目標はまさしく「社会的なもの」の目標である．「社会的なもの」の空間は，人びとの振舞いをもっぱらその地位に還元して判断する表象のネットを稠密に張り巡らしている．それは，「統計学的な理想」がすでに実現されている状態であり，そこではかりに「行為」がおこなわれるとしても，それは正常なもの＝標準的なものからの「逸脱」——予期された偏差——以上の意味をもたない．

「社会的なもの」をめぐるアーレントの議論の問題性は，それへの批判をいわば「全体化する批判」としておこなってしまった点にある．「社会的なもの」の全域を「行動」によって覆い尽くすことによって，「社会的なもの」を覆していく「行為」の可能性はその外部に排除されてしまう．行為は公共的領域に固有の活動様式とされるが，この領域は「社会的なもの」の外に位置している．政治的行為はこの領域の内部でのみおこなわれ，逆に，「社会的なもの」の領域は完全に脱‐政治化される．同じことは，私的な領域についても当てはまる．それは，行為のおこなわれえない空間，労働もしくは仕事のみがおこなわれる場所として描かれるのである．問題はすでに明らかだろう．公共的領域と私的領域とは硬直的な二分法で切断され，両者の境界線を書き換えていく政治の可能性はアーレント自身によって廃棄されている．政治は公共的領域の内部に囲い込

まれてしまっているのである.

この点については(も), アーレントに抗してアーレントを読む必要がある. つまり, 新しい始まりを導き入れる行為を, 正常な規範の単純な再生産を妨げ, その反復を違った方向にずらす活動様式として解釈することである. 行為は行動とは別次元の活動様式としてではなく, 行動の空間の内部に不断に生まれる活動様式としてとらえ直すことができる. アーレント自身もこう述べている.「行為は, その特定の内実がいかなるものであれ, つねに〔新たな〕関係性を打ち立てるものであり, それゆえあらゆる制約を突破し, あらゆる境界を横断する内在的な傾向をもっている」(同前, 308頁). 行為を, 既存の境界を横断する活動様式としてとらえるならば,「社会的なもの」の領域や私的領域も行為がなされうる空間として描き直すことは十分に可能である (Bonnie Honig, "Toward an Agonistic Feminism: Hannah Arendt and Politics of Identity," in *Feminist Interpretations of Hannah Arendt*, The Pennsylvania State U. Pr., 1995).

「社会的なもの」は正常な行動の空間であるという側面のほかに, もう一つの側面をもっている. それは, 生命・生存の空間であるという含意である. 前述のように, 世界への関心に代わって生命への関心が台頭するというのが, アーレントの近代社会に対する基本認識である.「社会とは, ほかでもなくただ生命のための相互依存の事実が公共的な意義を帯びた形態, ただ生存にのみ結びついた活動様式〔労働〕が公共的領域に現われるのを許されている形態にほかならない」(前掲『人間の条件』71頁). 近代とは, 人間の生命が公共的・政治的意義を帯びるにいたった時代, 政治がアリストテレスのいう「善き生」(eu zēn)ではなく生きること(zēn)それ自体を主題と

II 公共性の再定義

するにいたった時代であるというアーレントの見方は,フーコーのものでもある.

> おそらく歴史上はじめて生命の問題が政治の問題に反映される.……生命に固有の運動と歴史のさまざまなプロセスが互いに干渉し合う際の圧力現象を,「生命 - 歴史(bio-histoire)」とよびうるならば,生命とそのメカニズムをあからさまな計算の領域に登場させ,〈知である権力〉を人間の生命の変形の担い手に仕立てるものを表わすためには,「生命 - 政治(bio-politique)」を語らねばなるまい.……ある社会の「生物学的近代性の閾」とよびうるものは,まさに人間という種が自ら自身の政治的戦略のなかにその掛金=目的として入る時点に位置する.人間は数千年の間,アリストテレスにとってそうであったもののままでいた.すなわち,生きた動物であり同時に政治的存在者でありうる動物である.近代の人間とは,自らの政治の内部で,彼の生きて存在する生命そのものが問題とされているような,そのような動物なのである.(渡辺守章訳『性の歴史I——知への意志』新潮社,1986年,180-181頁)

アーレントとフーコーにとって,近代とは,政治的な生が生命を超えたところで生きられるのではなく,生命が政治の主題となる時代である.もとより,生命と政治の関係をめぐるアーレントとフーコーの認識にはいくつかの無視しがたい相違もある.最も重要な違いは,フーコーが個々人の身体と国民の集合的身体を標的とし,それに深く介入する「生命 - 権力」のテクノロジーの動態を把握しよう

とするのに対し，アーレントは政治の空間が「生命過程そのものの公共的な組織体」たる「社会的なもの」の膨張によって呑み込まれるという否定的な事態を際立たせている，という点である．生命と政治のこのようなとらえ方は，生命の領域と政治的＝公共的領域を実体的に切り分け，前者によって併呑されてしまった後者を救済するという問いの立て方をアーレントに強いることになる．アーレントは，生命にかかわるあらゆる問いを公共的空間から締めだすが，それはつぎのような理由からである．

　第一に，生命の必要はあらゆる身体を同一の仕方で貫いており，この生命の「同一性」(sameness)——「ヒトという一者性」——は，公共的空間における人‐間の複数性とは相容れない．第二に，生命の必要は誰もが身体の内部に共有するものであるがゆえに，その必要が公共的領域に提示されても誰の興味も惹くことはない．「もしこの内部が現われるということになれば，私たちは皆同じように見えることだろう」(佐藤和夫訳『精神の生活』上，岩波書店，1994年，35頁)．第三に，生命の必要は充たされねばならない必然的なものであり，この「必然性」(necessity)は公共的空間における自由とは対極の位置にある．労働と消費という生きていくかぎり繰り返さざるをえない循環的必然性は，新しい始まりというものを知らない．最後に，生命の必要は抗いがたい声で自らを語る．この「切迫性」(urgency)は，他者の現われへの関心や共通世界への関心を圧倒する．フランス革命は「生命‐政治」の歴史的幕開けを意味するが，それは，アーレントの見るかぎり，必然性＝貧窮からの解放がその「切迫性」のゆえに自由の創設への関心を退けてしまった出来事にほかならない．

アーレントは，公共的空間を非共約的なものの空間として位置づけた．それは誰も排除しないが，共約可能なもの——生命の位相——をその外部に排除する．その結果，公共的空間は生命や身体とは何のかかわりももたない，あまりにも純粋な自由の空間として描かれることになる．公共的空間は，身体の必要や苦しみを語る声を不適切かつ不穏当なものと見なすのである．もし，公共的空間をそうした声に閉ざされたものにしようと思わないのであれば，生命とその必要に関するアーレントの誤った想定は根底から批判されねばならない．それは，第一に，同一の生命過程が万人の身体を同じ仕方で貫いているという想定であり，第二に，生命の必要は政治とはまったく無縁であるという想定である．

　アーレントは人間の生を二つの位相に区別している．「ビオス」($\beta\iota o\varsigma$)と「ゾーエー」($\zeta\omega\bar{\eta}$)である．「ビオス」は，誕生から死にいたる個体の生であり，可死性を条件とする一度かぎりのものである．人間の生はこの「ビオス」の位相では，過去・現在・未来のあらゆる生に対して「比類のないもの」であり，この各人の生の比類のなさが公共的空間における複数性を構成する．「人間の複数性とは他に比類のない存在者たちからなる逆説的な複数性である」（前掲『人間の条件』287頁）．公共的空間は，ビオスの空間，政治的な生が生きられる空間である．他方，「ゾーエー」は「生物学的な生命」を意味する．人びとはこの「ゾーエー」の位相においては「ヒトという一者性」を，すなわち動物種としてのヒトすべてに共通する生命を生きている．「ビオス」の多義性と「ゾーエー」の一義性はこのように截然と区別される．

　第一の問題は，人間の生は「ビオス」と「ゾーエー」の二つの次

元に,「多義的な声で語る自己」と「一義的な声で語る身体」とに分かたれうるものかどうか,という点にかかわる.もし「ゾーエー」を完全に排除するとすれば,公共的空間は,身体性が脱色された,はなはだ具体性を欠く空間にならざるをえない.アーレントは,あるところで,集合的「属性」に対する表象の力が公共的空間においては無効であることを示すために「仮面」のメタファーを用いている.表象を刻印された顔がペルソナによって覆い隠されることによってはじめて,その仮面の下から語りだされるその人の言葉それ自体にアテンションを向けることが可能になる,というわけである.しかし,顔や身体の表情を,経験の具体的な根跡を拭い去った言葉とはどのような言葉だろうか.仮面と仮面の間に交わされる対話とはどのような対話だろうか(齋藤純一「表象の政治/現われの政治」,『現代思想』25 巻 8 号参照).

アーレントがたびたび引く言葉に,「どんな悲しみでも,それを一つの物語とするかそれについて物語るならば,その悲しみに堪えることができる」という『アフリカの日々』(*Out of Africa*, 1937)の著者イサク・ディネセンの言葉がある.それは,『人間の条件』の「行為」の章にエピグラフとして掲げられてもいる.「物語る」(story-telling)という言説の様式においては,「ビオス」と「ゾーエー」という二つの位相は互いに混じり合うはずである.ジョルジョ・アガンベンの示唆にしたがって,善—悪,正—不正を語る言葉(logos)と快楽—苦痛,歓び—悲しみを語る声(phōnē)とを区別するならば(Giorgio Agamben, *Homo Sacer: Sovereign Power and Bare Life*, Stanford U. Pr., 1998, pp. 7-8),アーレントが一方で試みようとしたのは,ビオスとゾーエーを切断することによって,公共的空間から声(フォーネー)

II 公共性の再定義

を排除しそれを言葉(ロゴス)の空間として純化することであった．しかし，そこから排除された声は「物語る」という形をとって公共的空間にたえず回帰してくる．ゾーエーはビオスの物語が語られるとき，そのなかで自らをけっして一義的ではない声で語るはずである．アーレントは，現在へと引き渡されている過去の苦しみや悲しみに堪えること("resuffering the past")はそれを繰り返し物語ることによって可能になるという点に触れ，つぎのように述べている．

> 私たちは，過去を取り消すことができないようにそれを克服することはできません．しかし，過去に堪えることはできます．その形は悲哀，あらゆる想起が惹き起こす悲哀です．……過去の出来事の意味がなおも生きつづけているかぎり——その意味は非常に長く残りつづけることもあります——，「過去の克服」は，たえず繰り返される物語り(narration)という形をとるならば，ありえないわけではありません．……私たちもまた〔詩人や歴史家と同様〕自らの生にとって大切な出来事を自らにまた他者たちに関係づけながら想い起こす必要をいだいています．こうして私たちは人間のポテンシャリティとしての，最も広い意味での「詩作」への途をたえず用意しているのです．（前掲『暗い時代の人々』32-33頁）

物語りがどれほど深遠な哲学も及びえない「迫力と意味の豊かさ」(同前)をもちうるのは，それが経験の生きた形跡を棄て去ることがないからである．

　第二の問題は，アーレントが身体の必要を万人に同一のものと想

定している点にかかわる．身体の必要は「直接的で同一」(immediate, identical)であるがゆえに，解釈を，したがって言葉を要しない．それゆえ人びとの必要を同定し，それを充たすのに政治は要らない．人びとのニーズを定義しそれを充足するのは，「社会的なもの」の権力たる「行政」(administration)の務めである．この構図は皮肉である．というのも，「政治的なもの」は「社会的なもの」から身を振りほどきながらも，他方で「社会的なもの」を当てにせざるをえないからである．政治は，なるほど生命の窮迫をある程度免れていなければならないが，その窮迫を緩和し，解消してくれるのは「行政」なのである．アーレントは，身体とその必要を言説以前のものとし，自然的な与件と見なすことによって，その必要を実質的に定義し，生命を保障するという膨大な権力を，公共的空間の政治から取り去り，行政権力にあずけてしまったのである．

　先に触れたように，アーレントとフーコーの視点から見れば，近代とはゾーエー＝生物学的生命が公権力の主題となる時代である．フーコーが『性の歴史I──知への意志』で示して見せたように，「生命‐権力」が深く介入する生命の領域は巨大である．それは，資本主義の生産のリズムに適合するよう個々の身体を規律し，人口を調整するためにセクシュアリティに働きかける．それは，一方で貧困を除去し集合的身体の生命力を増強するとともに，他方では，集合的身体の「健康」の名のもとに生物学的に危険なあるいは劣等な身体に優生学の視線を向ける．それは，一方で「生存権」を保障するとともに，他方では，国民全体の「生存」のためにあらゆる生命を賭してはばからない．この途方もない権力を前にして，アーレントのように「政治的問題」(自由に対する抑圧)と「社会的問題」

(貧困)を分けたところでさほどの意味はない．「生命‐権力」のもとでは，生命の保障と自由の抑圧とは分かちがたく結合してしまっているからである．

　権力が生命にとって外在的なものではなく，それに何らかの仕方で干渉することはつねに避けられないとすれば，問題は，政治を生命から切り離すことにはない．それは，生命と政治が否応なく結びつく際に，そのより抑圧的な関係性とより抑圧的でない関係性とをいかに区別していくかということである．アーレントの公共性に欠落しているのは，そうした広い意味での社会的正義への問いである．次章では，アーレントが前提とした人びとの生命の保障がもはや自明のものではなくなってきていることを，「社会的なもの」の国家＝社会国家の変容に光を当てながら理解したいと思う．

第3章　生命の保障をめぐる公共性

1　ニーズを解釈する政治

　アーレントは，必要を身体の自然な与件と見なした．しかし，何かを「自然なもの」として語る言説には十分に注意しなければならない．ジュディス・バトラーによれば，セックスとしての身体は，言説に先立って存在する自然な与件ではない．身体は，それをめぐって反復される私たちの言説によって構成され，構成し直されるものである．身体が「自然なもの」として表象されるのは，それを「自然なもの」として描くような言説のパターンが反復されているからである(竹村和子訳『ジェンダー・トラブル』青土社，1999年)．これと同じことは生命のニーズについてもいえる．生命のニーズは，「社会的問題」のエクスパートたちが特定することのできる決まりきった与件ではない．それは，人びとによって「ニーズ」として解釈されるものであって，その解釈にはすでに言説の政治が介在している．「ニーズ」はそれを解釈し，再定義する言説によって構成されるものであり，けっして自明なものではない．

　公共的に対応すべき生命のニーズをどう解釈し，どう定義するかは，行政に委ねられるべき仕事ではない．生命のニーズが公共的な対応に相応しいかどうかを検討し，それを定義していくことは，ま

さに公共的空間における言論のテーマである．ナンシー・フレイザーの言葉を用いれば，公共性は「ニーズ解釈の政治」がおこなわれるべき次元を含んでいる(Nancy Fraser, "Struggle over Needs," in *Unruly Practices : Power, Discourse and Gender in Contemporary Social Theory*, Polity Press, 1989)．この政治における最も基本的な抗争のラインは，生命の何らかの必要を公共的に対応すべきニーズとして解釈する言説と，そうした必要を個人／家族によって充足されるべきものとして「再度‐私化する」(re-privatize)言説との間にある．フレイザーによれば，後者がとる戦略は，新しいニーズとして解釈され，提起されるものを「家族化する」(familiarize)こと，および／あるいは「経済化する」(economize)ことである．つまり，公共的対応を求めるニーズを家族や親族の手によって充たされるべきもの，自らの力によって市場で購買すべきものとして定義することによって，そのニーズを再び公共的空間から追放する脱‐政治化の戦略である．そのために用いられるレトリックはよく知られている．「自助努力」「自己責任」「家族愛」「家族の絆」などである(「家族化する」「経済化する」に加えて，「市民社会化する」という新たな戦略も付け加えられるべきだろう．そのレトリックは，たとえば「市民の活力」であり「地域の連帯」である)．

「ニーズ解釈の政治」は，私的なものと公共的なものとの境界線をめぐる最も重要な抗争の一つである．この政治が言説の抗争であるかぎり，そこで重要なのは，第I部で言及した「言説の資源」——フレイザーはこれを「解釈とコミュニケーションのための社会文化的な手段」とよぶ——が人びとの間にどのように分配されているか，である．「ニーズ解釈の政治」においては，言説の資源の非

対称性は決定的な重みをもっている.というのも,そこでは最も切実な必要を抱えているはずの人びとが「ニーズ解釈の政治」に参入する資源において最も乏しいという逆説的な事態がしばしば起こるからである.自らのニーズを(明瞭な)言語で言い表せない,話し合いの場に移動する自由あるいは時間がない,心の傷ゆえに語れない,自らの言葉を聞いてくれる他者が身近にいない,そもそも深刻な境遇に長い間おかれているがゆえに希望をいだくことそれ自体が忌避されている(「適応的選好形成」とよばれる事態)…….新しいニーズ解釈の提起は新たな資源の配分を請求するものである.そうした請求をするためにはすでにある程度の「言説の資源」を与えられているか,あるいは非常な努力によってその資源を自ら創りだしていくことが必要になる.

ハーバーマスやアーレントの公共性論においては,人びとがある程度の資源を手にしていることは半ば自明の前提となっている.自らのニーズ解釈を自分で提起していくための資源が欠けているがゆえに,政治的な存在者としては処遇されず,もっぱら「配慮」や「保護」の対象と見なされているという問題が真剣に受けとめられているとはいいがたい.「ニーズ解釈の政治」は,必要を充たすという次元のみならず,政治的存在者として「公共的な生(パブリック・ライフ)」を生きるという次元にも深く関与している.

2　公共的価値と社会国家

「ニーズ解釈の政治」は,その充足を権利として要求しうるニーズの定義をめぐって争われる.新しいニーズ解釈は,民主的な意思

Ⅱ 公共性の再定義

決定の手続きを経て，そのニーズがやがては新しい権利へと翻訳されることを求めている．あるいは，すでに承認されている権利に新しい解釈が与えられることを求めている．この政治において重要なのは，ニーズが権利へと翻訳される可能性が予め断念されないことである．とはいえ，公共的空間における「ニーズ解釈の政治」がどれほど活性化するとしても，人びとが提起するニーズ解釈のすべてが法的言語に翻訳されうるわけではない．

ニーズのなかには，私たちが生きていくうえで切実なものであるにもかかわらず，そもそも権利には翻訳しがたいものがある．権利とは強制的な実現を他に迫るものであるが，たとえば強制された愛情，強制された友情，強制された思いやり，強制された尊敬はいずれも語義矛盾でしかない．マイケル・イグナティエフ（ジャーナリストとしても活躍するイギリスの思想家）が『見知らぬ者たちの必要』(*The Needs of Strangers*, 1984)において，一方で提起しているのは，現代の社会＝福祉国家が公共的に対応しえていない，そうしたニーズの問題である．

> 私たちは権利を保有する生き物より以上の存在であって，人格には権利よりももっと尊重されて然るべきものがある．今日，行政当局が示す善意とは，人格としての個人の品位を貶めておきながら，個人の権利は尊重するということであるらしい．たとえば，この国〔イギリス〕で最も設備がととのった刑務所や精神病院では，服役者や入院患者たちは適切な衣・食・住を与えられているといえる．……権利に参入されるこうしたニーズは，多かれ少なかれ尊重されてはいる．だが，起きている間ずっと

彼らは，目つきや身振りや処遇のなかに，管理する側がひそか
　　にいだいている侮蔑を依然として感じとってもいる．私の住ま
　　いの戸口の見知らぬ他者たちは，たしかに福祉を受ける権利を
　　もっている．しかし，こうした権利を管轄する役人からはたし
　　て彼らが相応の尊敬と思いやりを受けているかどうかは，まっ
　　たく別の問題である．（添谷育志・金田耕一訳『ニーズ・オブ・ス
　　トレンジャーズ』風行社，1999 年，21 頁）

イグナティエフは，「友愛，愛情，帰属感，尊厳，尊敬」を権利に
は翻訳しがたいニーズとして挙げながら，それらが「公共的言説」
のなかで繰り返し人間にとって切実なニーズとして提起されること
を求める．つまり，制度上の公共的な対応はかなわないとしても，
なおも人びとの間で応答がなされるべきニーズとして不断に確認
されていくことを求めるのである．権利化しえないという理由で，そ
うしたニーズが公共的空間における「ニーズ解釈の政治」の土俵そ
のものから排除され，私的な願いや望みへと放逐されることを恐れ
るわけである．
　本書の関心にとってこれと同じくらい重要なのは，イグナティエ
フが他方で，現代の社会＝福祉国家に制度化された「見知らぬ者た
ち」の間の非人称の連帯を評価しているということである．

　　見知らぬ者たちのニーズと彼らの権原（entitlements）は，私と
　　彼らの間に沈黙の関係を設定する．私たちが郵便局で一緒の列
　　に並ぶとき，老人たちが年金小切手を現金化すると同時に私の
　　所得のごく一部が，国家の数知れない毛細血管を通じて彼らの

> ポケットに移転される．私と彼らの関係が何ものかに媒介されているという性質をもっていることは，私たちのどちらにとっても必要不可欠のように思われる．彼らはあくまでも国家の世話になっているのであって，直接に私の世話になっているのではない．（同前，15頁）

国家が媒介する非人称の連帯のメリットはまず，人称的な関係（世話する者と世話される者）につきまとう依存・従属の関係が廃棄されるという点にある．「国家の世話になる」人びとは，特定の誰かの世話になっているわけではないがゆえに，（少なくとも権利上は）誰かへの遠慮のゆえに声を呑み込む必要はない．非人称の連帯は，その連帯の果実を享受する人びとをなおも政治的存在者として処遇することができる．さらに，この非人称の連帯は，自発的な連帯ではなく強制的な連帯であるというメリットをもっている．ある人がどれほどの嫌われ者であろうと，また「世間」から見てどれほど「異常」な振舞いをしていようと，その人は生きるための資源を権利として請求することができる．この強制的連帯は，自発的なネットワーキングが排除する人びとをもカヴァーすることができる．社会国家が，非人称の強制的連帯のシステムとして形成されたことの意義は忘れられるべきではないだろう．

とはいえ，社会国家は人びとがいだく切実なニーズのすべてを充たすことはできない．社会国家がその強制力をもって充足しうるのは，すでに権利へと翻訳されているニーズだけである．では，人びとが権利として要求できるニーズとは何か．権利としては要求できない，あるいは要求すべきではないニーズとは何か．現代のリベラ

ルな正義論が精力を傾けてきたのは，両者の境界を設定する規準を明らかにすることである．その基本的なスタンスは，国家が強制力をもって実現すべきものを，人びとの生にとって「共約可能な」価値に限定することである．

「リベラリズムのきわめて重要な想定は，平等な市民が共約不可能，和解不可能なほど異なった善の諸構想をもっているということである」(John Rawls, *Political Liberalism*, Columbia U. Pr., 1993, p. 303). リベラリズムのいう「善の構想」(「善き生の構想」)とは，自らの生を生きるに値するものとする指導的な価値について各人がそれぞれいだく解釈である．それは，価値が相争う「神々の闘争」の時代には，各人各様に異なり，そこに共約可能性を見いだすことはできない．共約可能性を想定することができるのは，各人がどのような「善の構想」を描き，どのような「ライフ・プラン」を追求するのであれ，誰もがより少なくをではなくより多くを欲する価値についてである．ジョン・ロールズは，そうした価値を「基本財＝基本的な善きもの」(primary goods)とよぶ．「基本財は，市民のいだくニーズが何であるかを特定するものである．……それは，市民がその〔善き生についての包括的な〕見方を追求していく際，すべての人あるいはほとんどの人びとによって高度に価値のあるものと確実に見なされるものである」(*Ibid.*, pp. 188-190). 正義は，この基本財——ロールズが挙げるのは，自由，機会，所得と富，自尊の基礎である——をどのような人びとに，いかなる優先順位をもって分配するかについての基本原理である．

　リベラリズムの特徴は，このように，共約可能な価値を共約不可能な価値から峻別することにある．もし共約不可能な価値(何らか

II 公共性の再定義

の「善の構想」)が正義を僭称し,公権力によって自らを強制するならば,それとは異なる,それとは競合する「善の構想」を追求する人びとの生は極度に抑圧されざるをえないからである.公権力が強制的に実現することのできる価値は共約可能な価値にのみ限定されねばならない.共約的な価値を公共的価値,非共約的な価値を非公共的価値とよぶならば,リベラリズムの基本関心は,国家の活動を公共的価値の実現という範囲に制約することにある(井上達夫『他者への自由——公共性の哲学としてのリベラリズム』創文社,1999年参照).

これに対して,共同体主義(コミュニテリアニズム)とよばれる立場は,特定の文化的伝統を背景にもつ共同体の内部では「善の構想」も抑圧なしに共有されうると考える.この立場は,共同体内部の成員にとっての公共的価値を「共通善」として定義するわけである.「共通善」は,成員によって共有される「善の構想」を意味する.共同体主義が共同体を国家とは異なる次元に位置づけるのに対して,新保守主義(あるいはネオ・ナショナリズム)は,共同体を国家と同一視する.第I部でも述べたように,いずれの立場も,人びとの複数性を抑圧する同化／排除の機制を免れえない.共同体主義の場合は共同体内の人びとの複数性を,新保守主義は諸々の共同体の間の複数性および人びとの間の複数性の双方を.

さて,公共的価値とは誰もが——どのような「善き生の構想」を追求していようと——権利として国家に要求できる価値である.その公共的価値を非常に狭い範囲——ロバート・ノージックによれば「暴力,窃盗,詐欺に対する保護,契約の執行等」——に限定し,国家による所得や富の強制的な再分配を明確に否定するのが,自由至上主義(リバータリアニズム)とよばれる立場である(嶋津格訳『アナーキー・国家・ユ

ートピア』木鐸社, 1994 年). 対照的にリベラリズムは, 所得や富を公共的価値の内容に含めており, そのかぎりで社会国家による生命の保障を肯定している. 公共的価値をどのように定義するかは, それ自体公共的空間における解釈の政治に委ねられるべきテーマだが, 公共的価値の一つの解釈としていま最も展望があると思われる構想に言及したい. それは, 公共的価値を物質的な財としてではなく, 「財と人との関係性」においてとらえ直すインド出身の経済思想家アマルティア・センの構想である (鈴村興太郎訳『福祉の経済学』〔岩波書店, 1988 年〕, 大庭健・川本隆史訳『合理的な愚か者』〔勁草書房, 1989年〕, 池本幸生ほか訳『不平等の再検討』〔岩波書店, 1999 年〕等を参照).

　センは, 公共的価値を「基本的な潜在能力」(basic capabilities) として解釈する.「潜在能力」とは, ある人に実質的に開かれている「生き方の幅」(川本隆史), つまり「人びとが行いうること・そうでありうること」の範囲を意味する. センが, 公共的価値を「基本財」として定義するロールズらの理論を批判するのは, 人びとが「基本財」を用いて実際に何をなしうるかという視点が欠落しているからである. かりに等しい「基本財」を与えられたとしても, 健康状態, 年齢, 障碍の有無などの相違によって, 人びとがなしうることには大きな開きが生まれてくる. 重要なのは, 一定以上の財を所有していることではなく, 人びとがその財を用いて何をすることができるか, どういう状態に自らをおくことができるかということである. ニーズを "goods" への必要としてではなく, "doings and beings" への必要として再定義すべきなのは, そのためである. センの「潜在能力」アプローチが優れていると思われるのは, それが, 構造化され, 制度化された抑圧や差別のゆえに, 人びとからある

「生き方の幅」が失われている事態に光を当てることができるからである．なにゆえに，女性は男性を補助する仕事に就かせられることが多くその逆ではないのか．なにゆえに，同性愛者のグループは公共の施設への宿泊を拒否されるのか．なにゆえに，ある障碍をもつ子供たちは他の子供たちと共に学び，共に遊ぶ機会を奪われるのか……．

センが「潜在能力」として例示するのは，適切な栄養を得ていること，避けられる病気にかかっていないこと，早死にしないこと，文字が読めること，自尊心をもちうること，友人をもてなすこと，会いたいと思う人に会えること，コミュニティの生活で一定の役割を果たすことなどである．そのうち誰もが平等になしうべき事柄が「基本的な潜在能力」である．セン自身は，第三世界の現実を踏まえ，「基本的な潜在能力」をある範囲──移動，衣食住，衛生・医療，物理的安全，初等教育に関する事柄──に絞るが，例示された事柄は私にはすべて基本的であるように思える．私たちの公共的価値を定義するものとして「基本的な潜在能力」が優れていると考えるもう一つの理由は，それが豊かであるとされている生から奪われている事柄にも適切な再解釈の光を投げかけるからである．

貧困とよばれてきた事態は，センのアプローチからすれば，財の欠如としてではなく基本的な潜在能力の「剝奪」(deprivation)として把握されねばならない．この「剝奪」という尺度は，第三世界における開発のあり方を批判的に評価することにも実際貢献してきたが，それだけではない．この尺度を用いれば，いわゆる先進国に暮らしている人びとの生からどのような生き方が奪われているかもくっきりと浮かび上がってくる．ゆっくりと休養できることの剝奪，

薬物の含まれていない食物を摂ることの剝奪，騒音に悩まされないことの剝奪，車社会におけるある人びと（たとえば高齢者）からの「移動の自由」の実質的剝奪等々である．公共性という観点からすれば，長期間にわたる「孤独」は基本的な潜在能力の剝奪の一つとして数えられるべきだろう．自らの言葉に耳を傾けてもらえる機会をもちうることは，政治的存在者としての人間にとって基本的な潜在能力である．センが識字教育を重視するのは，人びとが「どういうことを考え，何を必要としているかを自分で考え，それを社会に訴える機会」（「民主主義と社会正義」，『世界』662号）を逸しないようにするためである．自らの考えを他者に伝える機会をもちうること――理性を公共的に使用しうる機会をもつこと――は，セン自身の視点からも，基本的な潜在能力の一つとして位置づけられていると見てよいだろう．

　国家の存在理由(レゾン・デートル)は，人びとの生にとって共約可能な価値，誰もが必要とする価値を実現することにある．かりにグローバルなレヴェルで公共的な政府が創設されうるとすれば，その存在理由も同じである．つぎに取り上げるのは，19世紀末から形成され20世紀半ばにほぼ完成の域に達した社会国家あるいは福祉国家が，21世紀を目前にして根底から変容しつつある事態である．根底からというのは，非人称の強制的な連帯という土台そのものに深い亀裂が走り始めているからである．

3　社会国家の変容

　社会国家(化)の歴史はさほど昔に遡るものではない．社会保険の

成立という観点からすれば，1880年代から90年代にかけてが社会国家の生誕期といってよいだろう．社会国家が資本制経済の進展を条件として，それが惹き起こすさまざまな負の効果への対応として成立したという事情をまず踏まえておきたい．社会保険は，労働災害や失業など資本主義がたえず生みだす弊害に対して，リスクを個人化するのではなく，リスクを集合化することによって対処する制度として生まれた．それは，そのまま放置すれば労働市場から脱落し，生存そのものが危うくなる人びとの生を社会の成員全体によってサポートするという連帯の思想を含んでいる．むしろ，社会保険の制度化に結実していく諸々の実践が社会的連帯という観念を育んでいったと見るべきかもしれない．社会的分業による人びとの個人化と社会的連帯の形成との間に不可分の関係があることを「有機的連帯」(solidarité organique)の概念でとらえようとしたエミール・デュルケームの『社会的分業論』(1893年)は，まさにフランスが第三共和政のもとで社会国家へと変容しつつある時期に著されたものである．

その後社会国家がどのように進展し，それを擁護する思想がどのように現われてきたかを逐一辿る必要はないだろう．社会国家の理念を道徳的に正当化する思想が頂点に達したと思われるのは，ロールズの『正義論』においてである．

> 公正としての正義においては，人びとは互いの運命を分かち合うことに同意している．制度をデザインするにあたって，人びとが自然的および社会的環境の偶然をあえて利用しようとするのは，ただそうすることが共通の便益となる場合だけにかぎら

れる.〔正義の〕二原理は,運命の気紛れに対処する公正な途なのである.(*A Theory of Justice*, Harvard U. Pr., 1971, p. 102)

人びとが,自然的な偶然性(能力・才能等)あるいは社会的な偶然性(事故・病気等)のゆえに不利な境遇に追い込まれるのは「道徳的な観点から見て恣意的であり」,そうした境遇を許容することは正義にかなっているとはいえない.ロールズが提起する正義原理(とりわけ第二原理)は,市場の正義──「能力に開かれたキャリア」を保障する正義──が,市場から人びとが「淘汰」され,劣悪な境遇に追い込まれていく事態を正当化していることへの批判を核心に含んでいる.実質的な機会の平等化をはかる「公正な機会の平等の原理」,現下の労働市場にはマッチしない能力をもつ人びとの境遇をよりよいものに改善しようとする「格差原理」が表しているのは,まさしく社会的連帯の理念にほかならない.

ところで,ロールズのいう「運命を分かち合う」べき他者とは,私たちにとって見知らぬ疎遠な他者である.社会国家は,互いに見知らぬ人びとの間に形成される「想像の共同体」である.人びとが,現実における互いの隔たりや違いにもかかわらず,この想像の空間をリアルなものとして感じうるということが社会的連帯の条件の一つである.ロールズのように,正義にかなった社会は人びとの間に「正義感覚」を育んでいく,社会国家は社会的連帯の感覚を人びとの間に涵養していくとするのが,たしかに理論的にはスマートである.しかし,現実の社会国家が遂行してきたのは,社会的連帯の感覚を集合的(国民的)アイデンティティの感覚によって裏打ちするというプロジェクトだった.公教育,公共放送,公式行事などによっ

て「われわれ」という表象を不断に喚起し，補強するプロジェクト，戦争や対外危機のアピールによって「われわれ」の感情を強力に充塡するプロジェクトなどである．歴史を振り返れば，社会国家は国民国家と重なり合い，社会的連帯の範囲は国民国家の境界と一致してきた．日本で「国民皆保険運動」が推し進められたのは「国家総動員法」が施行された1938年のことであり，それは，社会国家の"welfare"と国民国家の"warfare"との結びつきを示す典型的な事例である．大づかみにいえば，この1世紀の間に「社会的なもの」と「国民的なもの」は密接に結びつき，公共性は両者が融合した空間のなかにがっちりとはめこまれてきたのである．

「社会的なもの」と「国民的なもの」とが融合した条件下における人びとの連帯の特徴は，つぎのようにまとめることができるだろう．第一に，単一の統合された国民の社会(ナショナル・ソサイエティ)に属しているという感情が形成される．社会的連帯は国民的連帯と等号で結ばれ，経済的格差等のさまざまな相違にもかかわらず「一つの国民」(one nation)という表象が分かちもたれる．第二に，その連帯は社会国家＝国民国家に媒介されたものである．人びとは互いに直接の応答責任を負うわけではない．責任は集合化・抽象化され，その集合的責任は国家に対する義務へとしばしば翻訳される．国家への忠誠が国民の生存の名のもとに語られるのは，このコンテクストにおいてである．第三に，人びとの連帯は基本的に一次元的である．「サバイバル・ユニット」(ノルベルト・エリアス)——自らの生の保障(生存や安全など)が基本的にそこにかかっていると見なされる空間——はひとえに国家であって，家族，地域の共同体，民族的・宗教的集団などはかつて占めていた「サバイバル・ユニット」としての地位を失う

(近年の国民国家の動揺によってこれらの集団は「サバイバル・ユニット」として再発見されてきている).

 ほぼ1970年代まで社会国家はこうした連帯を想定することができたが，80年代以降アングロ・サクソン圏を中心に社会的=国民的連帯がその実質を失うような変化が眼につくようになってきた．社会国家がいまどのように変容しつつあるかを，その変化の方向性を際立たせる仕方で素描してみたい(Nikolas Rose, *Powers of Freedom: Reframing Political Thought*, Cambridge U. Pr., 1999, Mitchell Dean, *Governmentality: Power and Rule in Modern Society*, Sage, 1999 を主に参照する)．ここでアングロ・サクソン圏の変化に注目するのは，日本がそうした方向への舵の切り替えをすすめているように思えるからである．日本は社会国家としての完成(北欧や70年代までのイギリス)に達する以前に，脱‐社会国家化の方向へとむかっている(70年代後半における「日本型福祉社会」論の台頭，80年代初頭の第二臨調による民活路線の採用がその転機であった)．

 社会国家を変容させているファクターは多岐にわたり，もとより国によっても事情は異なるが，その最大の要因は，「経済的なもの」と「社会的なもの」とが互いに背を向け始めたということである．第一次石油危機(1973年)頃までは両者の間に幸福な関係が見られた．社会保障と経済成長とは互いを支え合い，強化し合う関係にあった．社会保障は健康な労働力を育成・保全し，保険金の蓄積は経済投資の財源として用いられる，翻って経済成長は社会保障をさらに充実する資源をもたらすという構図である．しかし，低成長が常態化し，財政赤字が累積し，さらにグローバル化した経済環境のもとで不断の競争が強いられるようになると，社会保障は経済の良好なパフォ

ーマンスにとっての足枷, 重荷として見られるようになる. 労働市場の柔軟化——つまり企業にとって「リストラ」しやすい条件の整備——や, 資本逃避に対抗しうる「競争力のある」租税システムへの再編があたかも至上命題であるかのように語られるにいたる.「従来の過度に公平や平等を重視する社会風土」(!)は「健全で創造的な競争社会」の構築を妨げてきた, と(「経済戦略会議」答申, 1999年2月).

 重要なのは, こうして「経済的なもの」と「社会的なもの」があからさまに離反し始めた結果, 社会的＝国民的連帯に深い亀裂が入ったということである. 強力な梃子入れをしないかぎり「一つの国民」という表象はもはや成立しがたくなり, むしろ「二つの」国民, 二種類の市民というイメージが醸成されてくる. 人びとは, 経済的に生産的なセクターと非生産的で福祉に依存するセクターとの二つに分断され, 両者の間には,「ルサンチマンの政治」——といっても弱者が強者にいだくルサンチマンではなく,「強者」(真の強者ではなく中産下層という「強者」)が弱者にいだくルサンチマンだが——がつねに伏在することになる. 市民の多くは社会的連帯のためのコストを負担することへの抵抗感を強め, 社会国家はマジョリティの支持を失っていく. 社会国家は国民の統合ではなく, 逆にその分断をもたらしてきたのではないかという見方が支配的になる. 社会的連帯に対していだかれる疑念, 断念は, つぎのような対応をもたらす.

 リスクを集合化する社会国家のプログラムは, もはや理にかなったもの(合理的な計算にかなうもの)とは見なされないようになる. 合理的と考えられるのは, リスクを脱‐集合化し, それを個人で担うこ

と，生命の保障の根幹を社会国家に委ねるのではなく自らの責任において引き受けることである．人びとは，自らの能動的な活動によって，つまりは労働市場において雇用される可能性をつねに維持しつづけることによって，自らの生命を保障しようとする．ニコラス・ローズが的確に指摘するように，"activity" と "security" とは緊密に結合するようになる．人びとは，自己自身の「起業家〔アントレプレナー〕」たること——自己という「人的資本」を弛みなく開発し，活用すること——を求められるわけである．そのように自己統治(self-government)をなしうることが能動的な個人の条件となる．そうした能動的な個人が，生き延びることを確実なものとするために，どれほどのプレッシャーに身を曝しつづけなければならないかは問わないが．

他方で，国家の統治にとって課題となるのは，何よりもまず，「社会的なもの」が「経済的なもの」に加えてきた負荷を緩めることである．そのために，政府＝統治が活用するのは人びとの「自己統治」の実践である．それは二つの次元にわたる．一つはいま述べた能動的な個人による「自己統治」である．個人が自らの雇用可能性と健康とを維持し，生命／生活の保障を自らの力で獲得するようにはたらきかければ，それだけ国家の財政的コストは軽減される．もう一つの次元は，コミュニティやアソシエーションなどの中間団体による「自己統治」＝「自治」である．コミュニティ——ここでいうコミュニティは地縁や血縁によるものだけではなく，宗教的・道徳的価値観やライフ・スタイルの共有などによるネットワーキングも含む——は，社会国家の非人称の強制的な連帯に代わり，より人称的で自発的な連帯を，つまり抽象的な社会的連帯ではなくより

具体的な「顔の見える」連帯を可能にする．コミュニティの自己統治（自治）は，国家の集権的・権威的・画一的な統治のあり方とは異なり，それに加わる人びとにより確かな連帯の感覚を与える．市場における個人の自己努力・自己責任を強調するネオ・リベラリズムと自らの共同体へのコミットメントを重視する共同体主義——理論的には対極に位置すると見なされてきたこの二つの思想は，個人の生においても，統治の戦略にとっても，切り離しがたく結合しつつある．

国家の統治は，このように「統治の統治 a government of government」（ミチェル・ディーン）とでもいうべき形態をとり始めている．つまり，国家にとって個人やコミュニティは統治の客体である以上に自己統治＝自治の主体であり，国家の統治はそうした自己統治を積極的に鼓舞し，促進するという形態をとるようになるのである．OECD は，80 年代末から 90 年代初頭にかけて「福祉国家から能動的な（活力ある）社会へ」(from welfare state to active society)という方向転換を盛んに提唱した（たとえば，*Labour Market Policies for the 1990s*, OECD, 1990 を参照）．「能動的な社会」という言葉は，自己統治を実践しようとする人びとのエネルギーを最大限に活用しようとする統治の新しい戦略を端的に言い表している．

国家の統治の課題となるのは，第二に，雇用の流動性という「経済的なもの」にとってのメリットを維持しながら，労働市場から排除された人びとに——従来のようなコストをかけずに——対処することである．それは，二つの異なったレヴェルに分かれている．一つは，労働市場から一時的に脱落した人びとに「能動性」を取り戻させ，再び "active society" のメンバーに復帰させることである．

失業者には，技術習得やスキル・アップのためのさまざまな機会がふんだんに提供される．つまり，失業者は，与えられた機会を活かすことができるかどうかを試されるわけである．失業給付は，失業者がどのようなパフォーマンスを示すかによって左右されるものとなる．「勤労にいたる福祉」(welfare-to-workfare)という標語にも窺われるように，社会権の一部は，どのような振舞いをするかにかかわりのない権利であることを実質的にやめ，自らを改善しようとする意欲を示すときだけに得られる条件づきのものに変わり始めているのである．より深刻なのは，そうした能動性のテストにパスしない人びとに対する処遇の変化である．

もちろん彼／彼女たちには，一応の「社会的セイフティ・ネット」が用意されてはいる．彼／彼女たちは，たとえば生活保護＝「公的扶助」を受けることによって生存を維持していくことはできるだろう(といっても，それも身許を証明できる国民にかぎられているが)．しかし，問題は，社会がアクティヴなものに変化するならば，彼女たちの社会的位置づけ，彼らに対する表象も大きく変化するということである．第一に，そうした人びとは，自己統治の能力を欠いた，あるいはその意欲のない人びととして表象されるだろう．つまり，無能で無用な人びととして．第二に，彼らはたんに「余計者」としてだけでなく，社会の秩序を潜在的に脅かす「リスキー」な人びととしても表象されるだろう．ローズは，そうした人びとが英米において「半永続的で準犯罪的な社会層」と見なされ始めている事情に注意を喚起している．彼らは，フーコーのいう規律権力の対象ではもはやない．すなわち，矯正を施され，更生することを促される個々の身体ではもはやない．彼らは規律の対象ではな

II 公共性の再定義

く,リスク管理の対象となる.つまり,社会の「安全」に脅威を与えないよう,できるだけ低いコストで一̇括̇し̇て̇管理されるべき対象となる.

たとえば,イギリスの「犯罪多発地域」が監視カメラの濃密な網の目で覆われていることが最近知られるようになってきた(瀧井宏臣「しのびよる情報管理社会」,『世界』668 号).「リスク管理」の主要な方法は,底辺層を一括して都市空間の一部に隔離し,監視の網の目で封じ込めることである.この事情を衝撃的に描きだしているのは,マイク・デイヴィスの『クォーツの都市』(Mike Davis, *City of Quartz : Excavating the Future in Los Angeles*, 1992〔村山敏勝・日比野啓訳『要塞都市 LA』青土社,2001 年〕)である.彼によれば,ロサンゼルスに住む人びとはいま社会的・空間的に明確に分断されている.一方で,富裕層は「ゲイティド・コミュニティ」(塀で覆われ,セキュリティ・サーヴィスを購買する住宅地)に象徴される安全な空間に自らを囲い込み,他方,潜在的な犯罪者と見なされる貧困層は市警察が監視する「ゲットー」に押し込められる.セキュリティの空間とリスクの空間は互いに遮断される.かつて異質な人びとが入り交じり合う空間であったメトロポリスはいまや等質な「飛び地」に断片化し,民主的な公共空間はそこから駆逐されてしまった,というのである.この都市空間の分断という見方は,現代のメトロポリスにおける都市の公共性という考え方——たとえばリチャード・セネットは『公共的人間の没落』(*The Fall of Public Man*, 1974〔北川克彦・高階悟訳『公共性の喪失』晶文社,1991 年〕)でかつてのそれを称揚している——に疑問を投げかけるものである.階級や宗教や人種やライフ・スタイルを異にする多種多様な人びとが交渉し合う,ハイブリッドな空間は

確実に失われつつあると見るべきだろう.

　人びとが生きる空間が切断されてきていることは, 公共性にとっては大きな脅威である. 社会的空間の「分断」(segregation)という条件は, 立場を異にする者たちの間の政治的コミュニケーションを妨げ, 別の空間を生きる人びとに対する無関心や, 歪んだ表象をもたらしていく. ある空間を生きる人びとが提起するニーズ解釈や不正義に対する訴えは, 別の空間を生きる人びとにとってはまったく現実味をもたないだろう. 人びとが日々生きる空間の分断は, 共通世界の共通性を失わせ, 世界のリアリティそのものを分断するからである. 異種混交のコミュニケーションの空間であるという公共性の条件は, 諸々の等質な「飛び地」への空間の分断によって脅かされる. アメリカやヨーロッパの大都市における, 主に人種・エスニシティによる「居住地の分断」は実際深刻なものになっているが (Iris Marion Young, "Residential Segregation and Differentiated Citizenship," *Citizenship Studies*, Vol. 3, No. 2, 1999), いかに社会的空間の分断化を避けるかは政治的な生にとってきわめて重要な問いである. かりにインターネット上の「公共性」が現実の空間のギャップを橋渡しする可能性を幾分かは宿しているとしても, 異なった社会的条件を生きる他者に現実に接するチャンスが失われていくなら, 人びとがそれに関心をいだく〈間〉は偏狭なものにならざるをえないからである.

　ともあれ,「リスキー」な底辺層に対する監視を含め, "pubic security"(治安・公安)への関心が "social security"(社会保障)への関心の衰退とちょうど反比例する仕方で強まりつつあることはたしかである. 少なくともこの点では日本にもほぼ同じ傾向が看て取れる. 1999 年に治安・公安の機能強化をはかる一連の法制化がなさ

れたことは記憶に新しいし，国連開発計画(UNDP)が提起した「人間の安全保障」(Human Security)という概念——それは，国家中心の「安全保障」の概念から脱却し，それを「安心して日常生活を送りたいという普通の人びとへの配慮」としてとらえ返そうとするものである——は，テロリズム(サイバー・テロリズムを含む)や麻薬からの安全という意味に「翻訳」(ほぼ「誤訳」に近い)されて用いられている(『外交フォーラム』1999年1月号)．この間に露骨に推し進められている社会保障から治安への公権力の重心移動は，いったい何を意味しているのだろうか．それは，住民＝国民全体の生命の保全・増強に関心をいだく「生命‐権力」からある社会層——それが国民の2/3であれ，3/4であれ——の安全を守るという，より旧い形態への権力のモードの転換を意味していないだろうか．

4 社会的連帯の再生をめぐって

　社会国家がこの20年ほどの間にいかなる方向に変容を遂げてきたかを見てきた．その方向とは，要約すれば，社会的連帯の空洞化であり，人びとの社会的・空間的分断化である．リベラルな正義論が当てにしてきた社会的連帯の資源は眼に見えて乏しくなってきている．私たちは，「運命を分かち合う」というロールズの言葉が空語としてしか響かないような状況を迎えつつあるのかもしれない．こうした状況を前にして，人びとが互いに遮断された空間を生きるようになり，労働市場から締めだされた人びとを実質的に「棄民」とすることを望まないとすれば，これからの生命の保障のあり方をどのように考えていけばよいだろうか．ネオ・リベラリズム(市場

自由主義)を除外する——それは人びとの生をさらに分断化することをむしろ積極的に正当化する——とすれば,残る選択肢はつぎの二つである.

その一つは,ボロボロになりかけている社会的連帯——国民年金の未納者・滞納者はすでにほぼ1/3に達している——を,再びナショナリズムのセメントで固めることである.第I部で見たように,ナショナリズム(国益擁護の経済ナショナリズムを含む)の再建によってグローバリズムに対抗しようとする思潮がいま力を得つつある.まず,社会的連帯を再び国民的連帯によって裏打ちしようとするこのプロジェクトは,かつてにくらべはなはだ困難なものになっている,という点を指摘すべきだろう.グローバルな資本提携の動きが加速していることからも分かるように,組織の利害はもはや国民の境界の内部には収まらない(かなりの人びとにとって,国家よりも企業の方が「サバイバル・ユニット」としてよりたしかなものと感じられているはずである).しかも,このプロジェクトは困難であるだけでなく望ましくもない.国民的連帯を再建しようとする言説は,生命の保障に対して人びとがいだき始めた不安の感情にたしかに訴えるだろうが,そのようにして進められる連帯の強化は,国民的アイデンティティへの同一化を徹底していくという方向をとるはずである.私たちは,社会的連帯——社会国家が媒介する非人称の連帯——の再生を展望していくとき,「社会的なもの」と「国民的なもの」とのカップリングをいかに外していくかということを同時に探っていかなければならない.

もう一つは,「福祉国家から福祉社会へ」という選択肢,つまり人びとのニーズに対応する空間を国家から市民社会に移すというオ

プションである．これは実現困難というわけでもなく，望ましくないというわけでもないが，いくつかの留保をつける必要がある．というのも，「福祉国家から福祉社会へ」というのは，70年代後半以降，政府主導のもとで推進されてきた「日本型福祉社会」の路線と軌を一にするものだからである．「個人の自助努力と家庭や近隣・地域社会等の連帯を基礎としつつ，効率のよい政府が適正な公的福祉を重点的に保障する」(経済企画庁『新経済7カ年計画』1979年)という方向性は，まさしく，OECDが提唱した路線を先取りしている．

「市民社会へ」という方向性は，生命の保障を基本的に個人の自助努力と家族・親族の間での相互扶助に委ね，それが機能しない場合にのみはじめて公的な対応をおこなうという日本の社会保障システム——それは批判的に「残余的福祉モデル」とよばれる——にとって，もともとうまく適合するものである．その問題点を明らかにしておこう．第一に，地域によるケア，家族によるケアしたがって女性によるケアという近代家父長制のイデオロギーが如実であるということ．それは男性もケアの担い手になるという脱‐家父長制化の方向性をほとんど含んでいない．第二に，地域の連帯やボランティアは，少なくともある面では，政府の社会保障を下支えし，補完するという「下請け」的な役割を演じがちであるということ．ボランティアをしない，ボランティアによる支援を受けないという，ボランティアからの退出の自由がこれから狭められていくとすれば，市民社会はたしかに「動員」の特徴を帯びるだろう(中野敏男「ボランティア動員型市民社会論の陥穽」，『現代思想』27巻5号)．第三に，市民社会が政治性を免れた空間として表象される傾向があるということ．ボランティア活動などの市民社会の活力はそれが非政治的であ

るかぎりで歓迎される，という問題である．いいかえれば，市民社会において評価されるのは社会的行為であって政治的行為ではない．社会的行為(social action)——これは，アーレントからすれば形容矛盾の最たるものだろう——とは，他者の心身の必要に言葉や身体によって対応する活動様式である(アーレントやハーバーマスは人‐間の相互行為のこの次元を適切にとらえていない)．そうした社会的行為は，現在の資源・財の分配状況を問題化したり，新しいニーズ解釈を提起していくという政治的行為とも不可分の関係にある．にもかかわらず，ケアなどの社会的行為は政治とはあたかも無縁なものであるかのように語られる顕著な傾向がある．

　能動的で活力のある市民社会へという方向には，このような問題がある．しかし，国家による一元的で集権的な統治から市民社会におけるより多元的で分権的な自己統治＝自治への移行という方向性それ自体を頭から否定する必要はない．社会国家の「過剰な統治」と人びとの「過少な自己統治」とは表裏の関係にあり，国家の統治への依存性(clientism)はたしかに批判されてしかるべきである——ただし，その依存において問題なのは，財政的負担やモラル・ハザード(「惰民」！の再生産)というよりも，人びとの政治的力量の喪失である．互いの身体のニーズにきわめて感度が鈍くなっている現実——たとえば過労死を想起されたい——は，私たちが公共的空間における「ニーズ解釈の政治」を怠ってきたことを示唆している．もし，いわれる分権化が，財政的負担の委譲と市民のエネルギーの動員(加えて「監査システム audit system」によって媒介されたコントロール)ではなく，政治的な脱‐集権化を本当に意味するのであれば，「市民社会へ」という方向性は，自己統治＝自治の実践す

なわち政治的自由の実践のさまざまな試みをもたらしていくはずである．公共的価値をどのように定義し，それをどのように実現していくかはかなりの程度，そうした自己統治＝自治の仕事になるだろう．

「市民社会へ」が政治的権力の分散を意味するとすれば，それは歓迎すべきオプションだが，その場合にもつぎの留保を付しておきたい．その一つは，非人称の強制的連帯という社会国家のメリットは保持されるべきだということである．社会国家の意義は，人びとが家族や共同体（共同体化するネットワーキング）から退出する自由，あるいは労働市場から退出する自由——企業が実態としては共同体であるとすれば前者と同じことであるが——を保障することにある．

もう一つ指摘したいのは，個人の「能動性」が労働市場における競争能力の維持・強化に振り向けられるならば，「弱者」へのルサンチマンあるいは「弱者」の「棄民」化は回避しがたい，ということである．そうした「能動性」は，見方を少し変えれば，アクティヴでなければ十全な生の保障は得られないという，強いられたより深い受動性の上に発揮されるものでしかない．この受動的な能動性に執着するかぎり，社会保障は秩序防衛のためにやむをえず支払われる最低限のコストとしてしか認識されえないだろう．それは，少なくとも，ロールズが強調した自然的・社会的な偶然性への対処という意味を失ってしまうだろう．私たちの現在の生が，幾重もの自然的・社会的な偶然性の上に築かれているという事実が忘却され——たしかに私たちはこの事実を忘れやすい——現在の生がひとえに過去の努力とか勤勉に対する正当な報酬であると思い込まれていくならば，社会的連帯という理念が回復することはおそらくないだ

ろう.社会的連帯という理念を維持するために必要なのは,国民的アイデンティティを再興することではなく,私たちの生の根底的な偶然性を繰り返し認識することである(地球上のどの社会に生を享けたかという偶然性に対する認識は,生命の保障をその成員に限定せざるをえない社会国家の枠組みをも相対化していくはずである).

　人びとの生命の保障にとって,家族をその一つのあり方とする「親密圏」は重要な位置を占めている.次章では,「親密圏」が宿す公共圏としての可能性にも眼をくばりながら,親密圏が私たちの生にとってもつ意味を再考してみよう.

第4章 親密圏／公共圏

1 親密圏の発現

「親密圏」(intimate sphere)という人間の関係性は，近代になってはじめて登場する．その一つの形態は，ハーバーマスが『公共性の構造転換』のなかで描く「小家族的な親密性の圏」である．小家族は，貴族の親族関係や一般民衆の大家族と区別される仕方で，18世紀中葉市民層にとっての主要な家族形態として登場する．ハーバーマスがその特徴として挙げるのは，自由と愛と教養(Bildung)である．それは，両性の自由な意思によって結ばれる関係性であり，気紛れではない愛情をメディアとする「愛の共同体」であり，書簡の交換などを通じて「人間性」(Humanität)の形成がおこなわれる教養の空間である．それは，客間を通して親密な社交の空間にも開かれており，文芸的公共圏を育む母胎ともなる．親密圏を小家族における愛の空間としてとらえる見方は，イギリスの社会学者アンソニー・ギデンズにも共通している(松尾精文・松川昭子訳『親密性の変容』而立書房，1995年)．

ギデンズによれば，近代初頭に親密圏を成立させるのは男―女の「ロマンティック・ラブ」である．それは，親族関係の束縛や生命の再生産から相対的に解放された愛の形であり，人びとが「純粋な

関係性」(pure relationship), すなわち「性的・感情的に対等な関係性」を形成していくポテンシャルを宿している. とはいえ, そうした小家族は近代家父長制の権力に充たされた空間でもあり,「ロマンティック・ラブ」は女性を家族に縛り付ける鎖としても機能する. ギデンズは, 親密性の紐帯がその後「ロマンティック・ラブ」から「合流する愛」(confluent love)へと変容してきた経緯にいささか楽観的な展望を見いだしている.「合流する愛」は, より偶発的で, ジェンダー間の関係がより対称的で, 性的な充足をより重んじる愛であり, 異性愛主義(ヘテロセクシズム)からも比較的免れている. つまり, それは「純粋な関係性」により接近している, と.

アーレントは, 近代における親密圏の発現を「愛の共同体」の誕生というコンテクストとは別のところに見ている. それは, ハーバーマスのように私的領域のなかに位置づけられるのではない. 親密圏は,「社会的なもの」の威力, そのコンフォーミズムの力に抗するための空間として現われる. ジャン=ジャック・ルソー——アーレントは彼を「親密性の最初の明晰な探求者……その最初の理論家」とよぶ——が抵抗したのは, 政治的な抑圧に対してではなく,「人間の心をねじ曲げる社会の堪えがたい力, 人間の内奥の領域に侵入してくる社会」に対してであった(前掲『人間の条件』61頁). ルソーが「人への依存」とよんで唾棄した世評の権力, 偽りの仮面をかぶることを強要し, 人間を分裂させる「社会的なもの」の膨張こそが, 親密圏——自己が自己でありえ, 存在(エートル)と外観(パレートル)とが分裂しない透明な空間——が発明された理由である, と見るのである. 親密性をめぐるアーレントの議論に特徴的なのは, 親密圏を失われた公共的空間のいわば代償的な空間としてとらえる見方である. 彼女は

「暗い時代」の親密性に触れてつぎのように述べている.

> そうした時代には,人びとは互いに近づき合い,親密性の暖かさのなかに公共的領域のみが投げかけることのできる光と輝きに代わるものを探し求めようとするのであり,それがいかに強力な必要であるかは見てきたとおりです.しかしこのことが意味しているのは,できるだけ人びとが論争を避け,抗争が起こりえない人びととだけ関係を取り結ぼうとする,ということです.(前掲『暗い時代の人々』43頁)

アーレントの見るかぎり,親密圏は,あくまでも公共性の光が翳る「暗い時代」の代償的な対話の空間であって,「あらゆる多様性をもった人びととの〈間の空間〉(interspaces)にのみ形成されうる世界」(同前)としての公共的空間そのものではない.公共的空間は親密圏が単純に拡張されたものではないという見方は,晩年の『精神の生活』においても強調される.「真理の保証としてのコミュニケーションの重要性を主張した近代の哲学者がしばしば陥る誤りは,対話の親密性,すなわち私が私自身や「もう一人の自己」——アリストテレスの「友人」,ヤスパースの「愛人」,ブーバーの「汝」——に訴えるという「内的行為」の親密性は,拡張されて政治的領域にとっての範型となりうる,と思いこんでいることである」(前掲『精神の生活』下,239頁).

　親密圏における人-間の複数性は,公共的=政治的領域の「無限の複数性」には達しえないという見方はたしかに間違いではない.親密圏に成立する対話は,抗争を欠き,したがって政治性を欠くか

もしれない．それは，距離を失って「あらゆる差異を払拭するような同胞愛の過度の近しさ」に陥るかもしれない．親密圏の対話は，外から眺めれば，内閉した等質なコミュニケーションとしてしか映らないかもしれない．親密圏の複数性はたしかに脆弱である．しかしながら，こうしたとらえ方に対しては，人びとははたして「無限の複数性」によって特徴づけられる公共的空間に何の媒介もなく加わりうるだろうか，あるいは，親密圏の対話は本当に政治と無縁だろうか，それが政治的な権力（アーレントのいう意味での，「共同の協議」から派生する力）を生みだすことはないだろうか，と反問することもできる．親密圏は公共的空間そのものではありえないというアーレントの認識を踏まえ——そして美しい間柄に対する彼女の警戒の念を共有し——ながらも，親密圏をもっと両義的な位置において見る必要があるだろう．

2 親密圏と公共圏・家族

　公共圏と親密圏を分析的に区別する——分析的に区別可能ということは実態としては重なりうるということである——規準として適切と思われるのは，公共圏が人びとの〈間〉にある共通の問題への関心によって成立するのに対して，親密圏は具体的な他者の生／生命への配慮・関心によって形成・維持されるということである．「具体的」というのは二重の意味においてである．第一に，親密圏の他者は見知らぬ一般的な他者，抽象的な他者ではない．親密圏の関係性は間 - 人格的（inter-personal）であり，そうした人称性を欠いた空間は親密圏とはよばれない．第二に，親密圏の他者は身体性をそ

なえた他者である．親密圏においては，濃淡の違いはあるにしても，他者の生命・身体への配慮が人びとを繋ぐメディアである．そこでは「ビオス」という生の位相は「ゾーエー」というそれからは分離されえない．

　他方，親密圏と家族は，分析的にどのように区別しうるだろうか．親密圏においては愛という感情が人びとを結びつけることもあるが，それがすべてではない．親密圏と小家族と「愛の共同体」とを同一視するとらえ方は，いくつかの問題性を含んでいる．問題はまず，家族と「愛の共同体」との等置にある．家族と愛を結合する「家族愛」については，そのイデオロギー性をあらためて問うには及ばないだろう．それは，ある成員にのみ一方向的な奉仕と献身を要求する装置としてはたらいてきた．さらに，いわれる「愛」がもっぱら異性愛を指すとすれば，そうした「家族愛」イデオロギーは，同時にヘテロセクシズムを再生産し強化する装置でもある．それは，異性愛の両親，愛情に発するケアといったモデルに適合しない家族——同性愛者の「家族」，単親の「家族」等々——を「異常」なものとして表象させる効果をもつ．これに対して近年提起されてきている別様のアプローチに，「家族の多元化」がある．これは，さまざまなライフ・スタイルをとる同居の形態，たとえば友人どうしが老後の生活を共にすべく同居する，障碍を抱えた人びとが共同の生活を営むといった形の「グループ・ホーム」なども家族として積極的に再定義しようとするものである．このアプローチは，「正常」とされてきた従来の家族像を問題化し，愛情を必ずしも家族の固有のメディアとは考えないという点でたしかに大きなメリットをもっている．しかし，家族の定義を無限に拡張していくことが適切かど

うかには疑問の余地も残る．家族は，さまざまな権利・義務・責任を発生させる法的なユニットでもあり，その定義の拡張には限界があるからである．

　第二に，親密圏は家族という形態(血縁／同居／家計の共有)には還元されえない．親密圏は，具体的な他者の生／生命への配慮・関心をメディアとするという観点からすれば，たとえば「セルフヘルプ・グループ」は明らかに親密圏の一つの形である．これは，同じような生の困難を抱えている人びと，同じような否定的な経験に曝されやすい人びとが，孤立のうちに困難を抱えつづけねばならないという苦境を打開するために形成する集団である(アルコール・薬物依存，心身の障碍・疾患，犯罪被害や被虐待の経験，不登校，被解雇など，同じような生／生命の困難はさまざまである〔久保紘章・石川到覚『セルフヘルプ・グループの理論と展開』中央法規，1998年参照〕)．セルフヘルプ・グループは，情報や意見の交換を通じて直面する問題への認識を深め，外に向かって問題を提起していくという公共圏の側面をあわせもつこともあるが，その場合でも，互いの生の具体的な困難に注目を寄せるという側面はやはり不可欠である．親密圏の定義には，これよりももっと緩やかな結びつき，折に触れて訪ね合う友人たちの関係や議論・雑談を楽しむための「サロン」的な関係も含まれる．具体的な他者の生／生命に一定の配慮や関心があるということが，親密圏のミニマルな条件である．したがって，現実の家族のすべてが親密圏であるとはかぎらない．生きられる空間の「分断」(segregation)は家族のなかに生じることもある．互いに背を向けながら生きる家族はもはやめずらしい現象ではない．

　ここで，プライヴァシーについても付言しておこう．プライヴァ

シーの境界は家族の空間とは一致しない．それは，家族の内部，つまりパートナーの間，親と子の間にもある．この間の家庭内(ドメスティック・)の暴力(ヴァイオレンス)(性的暴力，幼児虐待，被介護者への虐待等)への着目は，家族という閉鎖的空間が最も凄惨な暴力の空間にもなりうるという認識をもたらしてきた．それは，家族内部の暴力は私的に解決されるべき個人の不幸ではなく，公共的対応を必要とする不正義であるという問題のとらえ返しを可能にしてきた．また，在宅介護の現場から，家族介護は介護者を閉ざされた関係性に封じ込め，介護者から自ら自身を維持するために必要な時間・空間を奪いがちであり，それが虐待を生む遠因にもなるという問題提起もなされてきた(春日キスヨ『介護とジェンダー』家族社，1996年参照)．プライヴァシーは，個人が自らの身体，自らの生／生命のリズム，自らについての情報(病歴・「買い物歴」を含む)，自らが深い愛着をもつ物などを他者の恣意的なアクセスからまもる空間，他者が本人の同意なしにはアクセスできない領域としてとらえ直されるべきだろう．見られないこと，聞かれないこと，触れられないこと……つまり「私的」であることは，この場合には，「剥奪」ではなく個人によって能動的に選択される事柄である．

3 親密圏の政治的ポテンシャル

セルフヘルプ・グループに触れて述べたように，親密圏は同時に公共圏の機能をはたすこともある．というよりもむしろ，新たに創出される公共圏のほとんどは親密圏が転化する形で生まれるといった方がより正確だろう．たとえば，90年代後半から各地で直接デ

モクラシーの実践が起こっているが，それらの多くは住民の間の「対話の親密性」から発したものである．住民投票が争点としてきたのは原子力発電所，産廃処分場，軍事基地，土建型の公共事業などである．そこで表明されたのは，リスクを周辺に押しつけ，生態系を損ない，負の遺産を後代にのこすような事業を敢行する文化のあり方への批判である．新しい価値判断を公共的空間に投げかける問題提起は，マジョリティとは異なった価値観（生命観・自然観・人間観）を維持・再形成してきた親密圏から生じることが多い．栗原彬は，水俣病者との交わりの経験に立ってこのことを示唆している．

> 確かに，市民運動や反公害闘争の中から，日本型の「進歩と開発」本位の行政的公共性を市民的公共性に組み替える公共性の転換が起こりましたが，水俣病者という「他者」の立つ位置からは，その先に異交通的な公共性が切り拓かれてくる．「異交通」という考え方は，非決定の存在同士が差異を保ったままで，その存在を相互に受容し合う関係です．……表象の政治の圏内ではあっても，親密な関係を取り結ぶことによって相互のコードを尊重し，その人の存在を尊重する．そういうあり方が，親密圏から新しい公共性，他者性に立った公共性を立ち上げるということにつながってくるのだろうという気がします．（「表象の政治——非決定の存在を救い出す」，『思想』907号）

栗原が親密圏に見いだすのは，他者を自らのコード（規範・話法）に回収しない，むしろ他者性に対してより受容的な人‐間の関係性で

あり，それは，既存の文化的コードを再生産しがちな「市民的公共性」のコミュニケーションから区別される．これまでの支配的な文化的コードを書き換えるかもしれない新しい政治的ポテンシャルは，他者に対する「決定」を求めない親密圏のコミュニケーションのなかに育まれる，と見るのである．了解に達するのをあきらめること，他者が他のようにあり，他のようにあろうとするのを肯定すること，関心を寄せながらも距離を縮めないこと，親密圏はそうした他者との間の弛やかな関係の持続をも可能にする．

新しい価値の提起は，言説の政治という形をただちにとるとはかぎらない．それは「ディスプレイの政治」とよぶべき形をとることもある．つまり，価値観を異にする他者に対して訴えの言語，説得の言語をもって向き合うというよりもむしろ，別様の暮らし方の提示，別様のパフォーマンスの提示（障碍者演劇など），別様の作品の提示といったスタイルをとる．そうした別様の世界の開示は，それを見聞きする者たちによって言説のレヴェルに翻訳されたり，それを倣るミメーシスの実践を触発していく．こうしたディスプレイの政治は，ハーバーマスのいう公共性よりも，アーレントが描いた現われの公共性により親和的である．公共的空間は，必ずしも言説の政治のレヴェルに一元化されるわけではないということに注意したい．

公共的空間がどれだけの拡がりをもつかは人によって異なる．セイラ・ベンハビブはアーレントの『ラーエル・ファルンハーゲン』(1959年〔大島かおり訳，みすず書房，1999年〕)――18世紀末から19世紀初めにかけてのベルリンであるサロンの中心となった同名の女性の伝記――に触れながら，一時期の女性にとってはサロンという親

密圏が最も広い公共的空間にほかならなかったことを示唆している（大島かおり訳「パーリアとその影」、『みすず』466・467号）．公共的空間の一般的な他者に向かって個人として語ることができる人はかぎられており、逆に、折に触れての数人の友人との語らいが「公共的空間」としての意味をもつ人びともいるだろう．ベンハビブは、『ラーエル・ファルンハーゲン』にその後のアーレントから失われた初発の可能性、つまり、サロンにおける社交＝「対話の親密性」が政治的連帯の絆ともなりうるという視点を探ろうとしている．親密圏の対話は、失われたあるいは断念された公共的空間の代償であるとはかぎらない．それは、アーレントが見るよりももっと両義的なものである．親密圏が相対的に閉じられていることは、一方では差異と抗争を欠く、したがって政治性を失う条件であると同時に、他方では、外に向かっての政治的行為を可能にする条件でもありうる．親密圏は、「相対的に安全な空間」（グロリア・アンザルドゥーア）として、とくにその外部で否認あるいは蔑視の視線に曝されやすい人びとにとっては、自尊あるいは名誉の感情を回復し、抵抗の力を獲得・再獲得するための拠りどころでもありうる．親密圏が、公共的空間へのカミング・アウトを支え、発話する人を攻撃からまもるという政治的機能を果たすことを、私たちはたとえば「従軍慰安婦」とされた女性たちの行為などを通じて知るようになってきた．

　このように見てくると、親密圏は言説の空間であるとともに感情の空間でもあることにあらためて気づかされる（もちろん感情にとって言説はけっして外在的なものではないが）．感情といっても、ギデンズのいう「ロマンティック・ラブ」や「合流する愛」とはかなり異質な感情である．それは、恐怖を抱かずに話すことができる

II 公共性の再定義

という感情，無視されはしないだろうという感情，そこに向かって退出することができるという感情，そこでは自分が繰り返し味わわされてきた感覚が分かってもらえる（かもしれない）という感情……つまり，排斥されてはいないという感情である．アーレントの見方からすれば，そうした感情は，人びとの間の違いを消し去る非政治的な感情としてとらえられるかもしれない．差異と抗争のない「ホーム」を求める感情がどのような暴力と抑圧を生みだしうるかという指摘が，あらためてなされるかもしれない．たしかに，親密圏における感情の機制は両義的である．支えることと繋ぎ止めること，配慮することと包み込むこと，注目を寄せることと監視すること……要するに「相対的に安全であること」と「相対的に危険であること」は裏腹の関係にある．親密圏が同化と抑圧の空間に転化する危険性はつねに伏在しており，そこから退出する自由は制度的にも保障されていなければならない．

　しかしながら，自尊の感情にとって，自らの存在が無視されず，自らの言葉が黙殺されない〈間〉をもちうるということはやはり重要な意味をもっている．アーレントは，公共的な空間に自らの行為や言葉において現われでる勇気を「政治的徳性」として重視するが（前掲『人間の条件』57，302-303頁），否認や蔑視をも恐れないというこの徳性はどのように育まれるのだろうか．それは，自らがどこかで——家族ではあるとはかぎらない——肯定されているという感情を背景にもつはずである．親密圏は，そこでの人びととの〈間〉がどのような感情の機制を生みだすかという視点からもとらえ返されるべきだろう．それは愛情の空間とよぶにはあまりにも多義的であるし，また，ナショナリズムやショービニズムの隠れた水源地であるとい

う単純な還元論もそこには妥当しない.親密圏を理解するためには,アダム・スミスのひそみに倣えばより肌理(きめ)の細かい「政治感情論」が必要になる.

終 章　自己と公共性
―― 生／生命の複数の位相と公共性の複数の次元

　これまで述べてきたことから推察されるように，私は，自己も，公共性も，一義的なもの，単一のものとしてはとらえていない．私たちにはいくつかの生／生命の位相があり，公共性もそれに対応していくつかの次元にわたっている．自己と公共性を複数の位相と次元において関係づける見方は，個人と共同体という問いの立て方とどのように異なっているだろうか．

　個人と共同体という問題系は，個と共同の関係を，一人の個人が一つの国家に帰属する，ある成員がある共同体に帰属するという仕方で描きだす．両者の関係は単一の次元において取り上げられるのである．諸個人が追求する「善き生の構想」が和解不可能なまでに多元化した条件のもとで，国家の活動を正当化すると同時にそれを制約すべき「公共的価値」とは何か．個人のアイデンティティを内部から構成すべき共同体の「共通善」とは何か．あるいは，「各人がすべての人びとと結びつきながら，しかも自分自身にしか服従せず以前と同じように自由であること」，このことを可能にする「アソシアシオンの形式」とは何か（ルソー『社会契約論』）……．個人と共同体の問題系は，一つの共同性の次元があたかも人間の生全体を包摂する意味をもつかのように描く．しかし，私たちの生／生命は

そのように一次元的な取り扱いになじむようには出来ていない．最後に，このことの意味をあらためて振り返ってみたい．

いわゆる「個人」についてまずいえば，私たちは，ただ一つの「アイデンティティ＝同一性」を生きているわけではない．「アイデンティティ」という言葉を用いるならば，自己のアイデンティティは通常は複数である．通常はというのは，自己が何らかの単一の集団——家族であれ，会社であれ，宗教的共同体であれ，民族的共同体であれ，国民国家であれ——に排他的に同一化しようとする場合もたしかにあるからである．そうした同一化は「過剰同一化」あるいは「傷ついた愛着」とよばれるべき病理的なものであり，私たちはむしろそうした病理を生みだす政治的・社会的条件を批判的に問うべきだろう．通常は，何らかの集団にいだかれるアイデンティティがより大きな比重を占めることがあるとしても，それ以外のアイデンティティが失われることはない．自己は，それ自体複数のアイデンティティ，複数の価値の〈間の空間〉(inter-space)であり，この空間にはつねに何らかの葛藤がある．自己が複数のものであり，その間に抗争があるということは，自己が断片化しているということを意味しない．葛藤があり抗争があるということは，複数の異質な(場合によっては相対立する)アイデンティティや価値が互いに関係づけられているということを意味する．

アーレントは，自己の内部にある複数の価値の間の対話を「思考」とよんだ．この見方からすれば，一義的なアイデンティティに硬直し，単一の価値に凝り固まった自己はもはや思考することはできない．自己——思考する存在者としての自己——にとっての危機は，さまざまな価値を整序化する何らかの中心的・支配的な価値が

欠けていること——いわゆる「アイデンティティ・クライシス」——ではなく，逆に，ある一つの絶対的な価値が自己を支配するような「アイデンティティという危機」である．複数性は公共性における「政治の生」の条件であるとともに，自己における「精神の生」の条件でもある．私たちが恐れねばならないのは，アイデンティティを失うことではなく，他者を失うことである．他者を失うということは，応答される可能性を失うということである．それは，言葉の喪失を，「言葉をもつ動物（ゾーン・ロゴン・エコン）」としての政治的な存在者にとっての「死」をもたらす．

> 複数性は政治の生すべてにとっての条件である．つまり，その必要条件であるだけでなく最高の条件である．これまで知られているなかで最も政治的な人間であるローマ人の言葉では，「生きる」ということと「人びとの間にある」(inter homines esse) ということ，あるいは「死ぬ」ということと「人びとの間にあることをやめる」(inter homines esse desinere) ということは同義語として用いられた．（前掲『人間の条件』20頁）

人びとの〈間〉の喪失は，〈間〉を超えた次元にある何らかの絶対的価値への排他的な自己同一化をしばしば惹き起こす．そうした一義的・排他的な同一化が廃棄するのは，まさに複数の価値の間での言説の空間としての公共的空間である．

親密圏／公共圏は，私たちの〈間〉に形成される空間である．私たちが生きる〈間〉はただ一つの次元に完結するものではありえない．私たちは，次元を異にする複数の〈間〉を生きている．そうした多元

的な〈間〉は，いずれも私たちの生／生命にとって不可欠のものとしてある．これまで取り上げてきた人びとの〈間〉は，つぎのような次元にわたっている．

　まず，生きていくことという自己の位相についていえば，親密圏は，生命のさまざまな必要に応じる活動が具体的な他者との間でおこなわれる空間である．それには，衣・食・住にかかわる活動はもとよりとして，産・育・老・病・死にかかわるいわゆるケアの活動も含まれる．具体的な他者の生命・心身に働きかけ，それを支える相互行為——相互行為は対等な間柄における言説の次元にのみ切り詰められるべきではない——は，他者の存在を肯定する（affirm）という意味をその根本にもっている．自己の生命の位相には同様に市民社会の公共性もかかわっている．ケアや介助のネットワーキングは生命を支える重要な次元になりつつあるし，災害に際しての「人間の安全保障」にとって決定的な役割を果たすのも公共性のこの次元だろう（外岡秀俊『地震と社会——「阪神大震災」記』上・下，みすず書房，1998 年）．そして，国家の公共性——非人称の強制的連帯のシステムとしての——は，私たちの生命を保障すべき公共的価値を実現するという責務を負っている．何をもってそうした公共的な価値とするかは，新たなニーズ解釈の提起に開かれた公共的空間において検討され，そのつど再定義されていくべきものである．

　自己には生命とは異なった位相もある．その一つは，自己が他者と共有する世界にかかわるものである．それに対応する公共性の次元は，共通の世界がどうあるべきかをめぐる意見，とりわけ規範の妥当性（正義）についての判断が相互に交わされるコミュニケーションである．集合的な意思決定が避けられないこの次元では，当面の

合意を形成することが公共的空間における討議にとっての課題となる．ここで付言しておくべき問題は，共通の世界をめぐる正義への問いが「一国公共性」の射程を超える場合に，誰が「合意」を形成すべきアクターとして見なされるべきか，ということである．ハーバーマスはコソヴォへの NATO によるいわゆる「人道的」介入を支持し，それをすでに民主化され，リベラルな政治文化が定着している諸国家——つまり介入をおこなった国家のことである——の間の「合意」によって正当化した(Jürgen Habermas, "Bestialität und Humanität : Ein Krieg an der Grenze zwischen Recht und Moral," *Die Zeit*, 29 April, 1999)．立ち入って検討することのできない多くの微妙な論点があるが，国際連合における審議の回避(すでにある手続きの軽視)とともに，公共性を代理＝代表することを自己正当化するスタンスにはやはり問題がある．エドワード・サイード(『オリエンタリズム』を著したパレスチナ出身の哲学者)は，本人を排除した代理人たちの「公共性」を正当化する——パレスチナの人びとが不在のところで「パレスチナ問題」を協議する——要素がハーバーマスの討議理論にあることを示唆したことがある．民主的公共性の理念は，誰の声も，誰の言葉も封じられるべきではないということにあり，本人が遠ざけられるような公共性はおよそその名に値しない．重要なのは，公共性へのアクセスを著しく非対称的なものにしている(広義の)資源の分配状況を問題化し，それをより対称的なものに近づけていくことである．

　公共性は，生命の保障や共通世界の正義には還元されない．そのもう一つの次元は，それぞれの生の共約不可能な位相に対応する．この次元での公共性は，人びとが互いに自らのものとしえない〈世

界)の提示——言葉や行為における現われ——を見聞きし，享受する空間を意味する．政治は，この次元ではもはや，共約可能な価値(誰もが平等に保障されるべき公共的価値，正当な規範)の定義をめぐるものではない．政治は，異なった価値や生の様式のディスプレイにかかわる．それは「倫理としての政治」(ethico-politics)というべき要素をも含むだろう．フーコーが「道徳規範」(code moral)と対比する意味での「倫理」(éthique)——それは「存在の技法」(arts de l'existence)ともよばれる——である．

> 存在の技法は熟慮や意志にもとづく実践であると解されなければならず，人びとはその実践によって，自らの行為の規則を定めるだけではなく，自ら自身を変容し，個別の存在として自らを変えようと努力し，自らの生を，ある種の美的価値をになう，また，ある種の様式規準に応じる一つの営みと化そうと努力する．(田村俶訳『性の歴史 II——快楽の活用』新潮社，1986 年，18 頁)

美的価値とは，一般化可能な尺度では測ることのできない価値である．アーレントはこの次元の公共性＝「現われの空間」を美的＝政治的判断が妥当する空間として描いたが，それは，共約不可能なものを共約可能なものに回収せずに判断するためであった．アーレントは，その「倫理」をソクラテスに仮託してつぎのように表現したことがある．「他者に現われたいとあなたが願うように在れ」("Be as you would wish to appear to others")．これはつぎのようにもいいかえられる．「他者に現われたいとあなたが願うようにあなた自

身に現われよ」("Appear to yourself as you wish to appear to others"〔『革命について』150頁〕).同じように「自己への配慮」を重視したアーレントとフーコーの興味深い親和性に立ち入る余裕はもはやないが,彼女/彼らが,共約不可能な生の位相が提示されるための空間として,公共性のある次元を描いたことはたしかである.

　私たちの生の位相が複数であるように,公共性も複数の次元をもつ.私たちが一つの生/生命の位相のみを生きるわけではないように,公共性もどれか一つの次元のみが重要なわけではない.私たちはニーズとは何かについて解釈し,共通の世界について互いの意見を交わし,規範の正当性について論じ,けっして自らのものとしえない世界の一端が他者によって示されるのを待つ.私たちの〈間〉に形成される公共性はそうしたいくつかの次元にわたっている.

III　基本文献案内

　公共性あるいは公共的空間は古代ギリシア，ローマにまで遡るテーマであり，公共性という問題系を共同体というそれから区別しないかぎり，公共性について書かれた文献はかりに主要なものだけを採っても膨大な数になるだろう．また，公共性は，現在専門領域として確立されている分野——公共経済学，公共政策，公共選択など——のテーマにもなっており，参照すべき文献も少なくない(たとえば，**宮本憲一『公共政策のすすめ——現代的公共性とは何か』**〔有斐閣，1998年〕)．ただし，こうした分野では「公共性」はもっぱら「公共財」の意味に解されており，「公共財」の定義もほぼ既定のものとして取り扱われる場合が多い．公共性を共同体から区別し，それを，人びとの間に形成される言説や行為の空間，公共的価値を解釈し，定義すべき政治がおこなわれるアリーナとして再定義しようとする視点から著されたものはまだほとんどない．ここでは，私たちがこれから公共性を考えていく際に豊かな示唆を与えてくれるいくつかの作品を紹介しながら，あわせて本論では十分に取り上げることのできなかった問題に関する文献を挙げておくことにしたい．

　ハンナ・アーレントの『人間の条件』(志水速雄訳，ちくま学芸文庫，1994年)は，やはり魅力的な作品である．本論で指摘したように限

界もあるが，その思想の射程は，「古代ギリシアへの回帰」「ハーバーマス＝アーレント的公共性」などといわれる議論のレヴェルをはるかに超えている．読み返すたびに新しい発見や新しい解釈を誘うテクストを——内田義彦にならって——古典とよぶなら，『人間の条件』は間違いなくその名に値するはずである．できれば『全体主義の起原』『過去と未来の間』『革命について』『暗い時代の人々』『精神の生活』，さらに『イェルサレムのアイヒマン』(大久保和郎訳，みすず書房，1969年)——映画『スペシャリスト』はこの書の解釈にしたがってアイヒマンを描いている——など彼女の他に作品にも触れていただきたいと思う．**千葉眞『アーレントと現代——自由の政治とその展望』**(岩波書店，1996年)，**川崎修『アレント——公共性の復権』**(講談社，1998年)は，アーレントを読むための適切な補助線を与えてくれる．

ユルゲン・ハーバーマスの**『公共性の構造転換——市民社会の一カテゴリーについての研究』**(細谷貞雄・山田正行訳，未來社，1994年)は，その後の公共性をめぐる議論の展開に与えた影響という点では『人間の条件』を凌ぐ作品である．ハーバーマスが啓蒙期の市民的公共性を「リベラル・モデル」に強く引き付けて解釈したこともあって，この作品にはこれまで多くの批判的な応答が寄せられてきた．**クレイグ・キャルホーン編『ハーバマスと公共圏』**(山本啓・新田滋訳，未來社，1999年)はそうした批判のいくつかを収録している．なかでも，セイラ・ベンハビブ「公共空間のモデル——ハンナ・アレント，自由主義の伝統，ユルゲン・ハーバマス」とナンシー・フレイザー「公共圏の再考——既存の民主主義批判のために」は，現在の公共性論が何を問題としているかを知るうえでも有益である．な

お,『公共性の構造転換』の第2版は,「1990年新版への序言」を収めており,ハーバーマス自身のスタンスの変化を看て取ることもできる.ハーバーマスの思想をより広いコンテクストで理解するためには,藤原保信・三島憲一・木前利秋編『ハーバーマスと現代』(新評論, 1987年),中岡成文『ハーバーマス──コミュニケーション行為』(講談社, 1996年)を参照されたい.

イマヌエル・カントの思想は,政治理論の分野でもまったく色褪せないアクチュアリティをもちつづけている.『啓蒙とは何か』(篠田英雄訳, 岩波文庫, 1974年),『永遠平和のために』(宇都宮芳明訳, 岩波文庫, 1985年)に提示されている「理性の公共的使用」や批判的公開性の概念の意義については本論でも触れたが,彼の『判断力批判』(篠田英雄訳, 岩波文庫, 1964年)は,公共性のいくつかの次元(意見の交換・美的なディスプレイ)を考察する際にも不可欠のテクストである.アーレントが『カント政治哲学の講義』(ロナルド・ベイナー編, 浜田義文監訳, 法政大学出版局, 1987年)で注目しているように,「反省的判断力」は,個的なもの(共約不可能なもの)を一般的なもの(共約可能なもの)に還元しないで判断するとはどういうことかを理解するためのキー・コンセプトである.

リチャード・セネットの『公共性の喪失』(北山克彦・高階悟訳, 晶文社, 1991年)も,基本的な文献の一つだろう.セネットにとっての公共性の範型は,異質なものが互いに交渉し合うハイブリッドな都市空間であるが,この作品は,公共性が「親密性の専制」によって崩壊し,「非個人的なもの」への関心が「個人的なもの」への関心によって制覇されてしまっている現状に注意を喚起している.親密圏の描き方は少々平板だが,他方で,人びとの視野と経験がローカ

ルなものに踞躇(きよくせき)することが,それを超えた次元における「現状の専制」を追認する効果をもたらしているという非常に重要な問題が提起されている.ちなみに,メトロポリスにおける人びとの生活空間が近年分断されたものに変容していることについては,**マイク・デイヴィス**の**『要塞都市LA』**(村山敏勝・日比野啓訳,青土社,2001年)や,**酒井隆史「〈セキュリティ〉の上昇――現代都市における〈隔離〉の諸相」**(『現代思想』27巻11号,1999年11月)をご覧いただきたい.

いわずもがなのことだが,フェミニズム(理論)の成果を踏まえずに公共圏/親密圏を語ることはできない.ここでは,政治理論の領域で優れた仕事をしているつぎの三人に絞って作品を紹介しておきたい.**アイリス・ヤング**(Iris Marion Young)の**『正義と差異の政治』**(*Justice and the Politics of Difference*, Princeton U. Pr., 1990),**『交差する声』**(*Intersecting Voices : Dilemmas of Gender, Political Philosophy, and Policy*, Princeton U. Pr., 1997).後者には,サルトルの「セリー」に着想を得た社会集団の概念,対称的ではない相互性の考え,家庭に対する両義的なとらえ方などが提起されおり示唆に富む.**ナンシー・フレイザー**(Nancy Fraser)の**『規則的でない実践』**(*Unruly Practices : Power, Discourse and Gender in Contemporary Social Theory*, Polity Press, 1989)と**『ジャスティス・インタラプタス』**(*Justice Interruptus : Critical Reflections on the "Postsocialist" Condition*, Routledge, 1997).前者には本論でも取り上げた「ニーズをめぐる闘争」,後者には「分配の政治」の重要性に対する再認識を求めた論考,男―女の間でのケア・ワークの平等化の必要を論じたものなどが含まれている.**ボニー・ホーニッグ**(Bonnie Honig)の**「差異,ディレンマ,ホームの政治」**(岡野八代訳,『思想』886号,1998年4月),および彼女が編集した『ハンナ・アー

レントとフェミニズム——フェミニストはアーレントをどう理解したか』(岡野八代・志水紀代子訳, 未來社, 2001 年). ホーニッグは, 「アゴーンの政治」(既存の規範を攪乱していくパフォーマティヴな行為)について精彩を放つ議論を展開している.

　本論ではメディア空間における公共性についてはほとんど触れることができなかった. マス・メディアの公共性については花田達朗の『メディアと公共圏のポリティクス』(東京大学出版会, 1999 年)が手堅い研究をおこなっており, 阿部潔の『公共圏とコミュニケーション——批判的研究の新たな地平』(ミネルヴァ書房, 1998 年)もやや図式的ながら, ハーバーマスの公共性概念とそれへの批判をメディア／コミュニケーション研究論の文脈に位置づけている. 電子メディアにおける公共圏はいまとくに興味を惹かれるテーマである. 私が注目している点は二つある. 一つは, 電子メディアは, 制約のない普遍的な言説の空間——マーシャル・マクルーハンのいう「グローバル・ヴィレッジ」——をもたらすかどうか, もう一つは, サイバー・スペースは「仮面」と「仮面」との対話を可能にするが, それは私たちにどのような経験をもたらすか, ということである. 第一の点について, 大澤真幸の「電子メディアの共同体」(吉見俊哉ほか『メディア空間と多文化社会』青弓社, 1999 年)は, 電子メディアは, マクルーハンが予見した方向にではなく,「分散的で排他的な共同性」, さらには「極限的な直接性」の方向に社会を導きつつあるという診断を下している. 対話の空間の「分断」(segregation)はネット上でも起きているという見方である. 第二の点については, 成田康昭『メディア空間文化論——いくつもの私との遭遇』(有信堂, 1997 年)が参考になる. 成田は, 電子メディアが「自己を統合の要

請から免れさせ，自己の単一性という社会的な呪縛から逃れる余地をつくり出す」機能をもつことを評価しながら，他方では，ネット上の「仮想的な自己」はあらゆる制約をすり抜けることができるということに警戒の念を表明している．問題は，「いくつもの私」にいったいどのような〈間〉が成立するのかということにある．もし，そもそもそうした〈間〉の成立それ自体が回避されているのだとしたら，「いくつもの私」は本論で述べた「自己の複数性」とはかなり異なったものである．

日本の社会保障システムについても本論ではあまり立ち入ることができなかった．この問題については研究の蓄積もあり，読むべき文献の数も多いが，**大沢真理『企業中心社会を超えて——現代日本を〈ジェンダー〉で読む』**(時事通信社，1993年)，**藤村正之『福祉国家の再編成——「分権化」と「民営化」をめぐる日本的動態』**(東京大学出版会，1999年)，**神野直彦・金子勝編『「福祉政府」への提言——社会保障の新体系を構想する』**(岩波書店，1999年)を挙げておきたい．大沢は日本の社会保障が「家族だのみ」「男性本位」「大企業本位」によって特徴づけられる理由を的確に示し，藤村は80年代以降の社会保障システムがどのように再編されてきているかの実態をけっして単純化せずに考察している．『「福祉政府」への提言』は，政府による「改革」が財政収支の帳尻合わせに終始し，体系性を欠いたパッチワークに陥っていることを批判しながら，年金・介護・医療・雇用の各社会保険と公的生活扶助について，財政的な裏付けをともなった改革のプランを大胆に提示している．なぜ私たちは強制的な社会連帯のシステムを維持・強化すべきなのかという問いは十分に詰められているとはいえない——「協力原理」の提唱に終わ

っている——が,社会保障の行方を考えるうえでたいへん有益である.本論で取り上げた新しい統治の様式については,渋谷望「〈参加〉への封じ込め——ネオ・リベラリズムと主体化する権力」(『現代思想』27巻5号,1999年5月)が,要を得た議論をおこなっている.日本におけるこの間の統治の変容を的確に分析したものは,残念ながらまだ現われていない.

公共性は,もちろん公共事業や情報公開についても具体的に問い直されているテーマである.公共事業については,**五十嵐敬喜・小川明雄『公共事業をどうするか』**(岩波新書,1997年)がその問題点を簡潔に示している.最も重要な問題の一つが,国会の実質的な審議をバイパスする仕方で公共事業が策定されているという意思決定のプロセスそれ自体にあることが指摘されている.情報公開については,情報公開法制定(1999年)以前のものであるが,**松井茂記の『情報公開法』**(岩波新書,1996年)を,公開性に対する要求度が高いという点で推しておきたい.

日本の歴史・思想史研究において公ないし公共性の観念がどのように論じられているかについて,管見に触れた範囲で紹介しておきたい.**溝口雄三の『公私』**(三省堂,1996年)は,日本の「公」の観念と中国のそれとを対比しながら,中国の「公」は国家権力の正当性をも批判的に問いうる原理的な意味——「原理としての公」——をもつのに対して,日本の「公」はより上位の「公」の前では「私」に転化する相対的な領域の観念——「領域としての公」——であり,したがって最上位の「公」を批判しうる批判的審級を欠くと論じる.中国では「私を含み私を共同の輪につなげた公」という観念が成立するのに対して,日本にはそうした水平的な「つながりの公」を示

す用例はないことも指摘される．日本の社会における「公」が没原理的なものであり，天皇を頂点とする垂直的な位階構造をもつというネガティヴな評価は，**安永寿延『日本における「公」と「私」』**(日本経済出版社，1976年)や，**田原嗣郎「日本の「公・私」」**(『文学』56号，1988年9月・10月)にも基本的に共通している．安永は，公共性とは「市民たちがみずから設定した一種の共同規範の領域」であるという視点から，日本における市民的公共性の欠落を衝く．田原もまた，日本の社会における「共同体の積層」構造が「公」の垂直的な階層性を説明するという見方をとっている．日本の「公」の観念はもっぱら国家や公権力と結びついているとするこうしたとらえ方がある一方で，少なくともつぎの二つの時期に公権力の「公」，官としての「公」とは異なった公共性——人びとの間に形成される公共性——が現われたとする見方も有力である．一つは，室町から戦国時代にかけての時期であり，もう一つは幕末から明治半ばにいたる時期である．中世後期については，**網野善彦**の『**増補 無縁・公界・楽——日本中世の自治と平和**』(平凡社ライブラリー，1996年)や，**勝俣鎮夫**の「**惣村と惣所**」(『朝日百科 日本の歴史』別冊13，1994年)は，「無主・無縁」(有主・有縁の世界からのある種の避難(アサイラム)の空間)および／もしくは「公界(くがい)」(合議による意思形成・決定の空間)という水平的な次元に形成された公共性の姿を描いている(とりわけ勝俣は「公界」に公正・平等の原理をも見いだしている)．幕末から明治前半期については，**丸山眞男**による明六社などの文芸的公共圏の宿した可能性への注目はよく知られているが(「**開国**」〔『丸山眞男集』第8巻，岩波書店，1996年〕)，ほかにペリー来航後，豪農商や在村知識人の間で活発になった政治情報の蒐集・交換のネットワーキ

ングを考察した**宮地正人「風説留から見た幕末社会の特質——「公論」世界の端緒的成立」**(『思想』831号,1993年9月号),幕末から明治半ばの「江湖」(読書し,論議する公衆が形成する言説の空間)に開かれた公共性のポテンシャルを探る**東島誠「明治における江湖の浮上」**(『公共圏の歴史的創造——江湖の思想へ』東京大学出版会,近刊),二人の思想家——「討論」を私見を超える公共的視点を形成する場として重視した横井小楠と,民衆による「討論」を避け,天皇によるパタナーリスティックな仁政を説く元田永孚——を対比した**苅部直「「利欲世界」と「公共之政」——横井小楠・元田永孚」**(『國家學會雜誌』104巻1・2号,1991年)などの論考がある.この時期においては,安永・東島・苅部らも言及するように,中江兆民の思想と行動が公共性論の一つの焦点になるはずである.兆民については,**宮村治雄『開国経験の思想史——兆民と時代精神』**(東京大学出版会,1996年)などの優れた研究の蓄積がある.

コメントを付け加える紙幅はもうないが,公共性をテーマに含む近年の主な日本語文献を最後に列挙しておきたい.**花崎皋平『アイデンティティと共生の哲学』**(筑摩書房,1993年),**花田達朗『公共圏という名の社会空間——公共圏・メディア・市民社会』**(木鐸社,1996年),**白川真澄『脱国家の政治学——市民的公共性と自治連邦制の構想』**(社会評論社,1997年),**アルベルト・メルッチ『現在に生きる遊牧民(ノマド)——新しい公共空間の創出に向けて』**(山之内靖ほか訳,岩波書店,1997年),**山脇直司ほか編『現代日本のパブリック・フィロソフィ』**(新世社,1998年),**間宮陽介『同時代論——市場主義とナショナリズムを超えて』**(岩波書店,1999年),**加藤典洋『日本の無思想』**(平凡社新書,1999年),**藤原保信「公共性の再構築に向けて——**

思想史の視座から」(岩波講座 社会科学の方法第 II 巻『20 世紀社会科学のパラダイム』1993 年), 谷喬夫「公共性」(白鳥令・佐藤正志編『現代の政治思想』東海大学出版会, 1993 年), マイケル・J. サンデル「公共哲学を求めて——充たされざる民主主義」(中野剛充訳, 『思想』903 号, 1999 年 10 月), 佐藤学「公共圏の政治学——両大戦間のデューイ」(『思想』907 号, 2000 年 1 月), 田崎英明「公共圏」(『現代思想のキーワード』, 『現代思想』28 巻 3 号, 2000 年 2 月).

あ と が き

　いまさまざまに，というよりあまりにもバラバラに語られている公共性をめぐる言説を位置づける一つの見取り図を本書は提供できたのではないかと思う．私自身も，この本を書くことによって，この5,6年の間に公共性に触れて考えてきたことに一応の区切りをつけることができた．少し「自己形成史」めいて気恥ずかしいが，個と共同という私自身も馴染んできた問題設定に対して批判的な距離をとるうえで，「公共性」という言葉は鍵となった．人びとの〈間〉，人びとの〈複数性〉を何らかの同一性に還元せずにとらえることは，「共同体」あるいはそれに類する言葉ではきわめて困難である．この間に私なりに試みてきたのは，共同体 - 同一性に代わるものとして公共性 - 複数性という概念装置を意識的に用いてみることだった．自己という内的空間を「アイデンティティ」によってではなく「複数性」によって理解しようとしたのも，そうした試みの一つである．公共性 - 複数性という見方はおもにアーレントから得たものである（本書でもある程度そのポイントに触れることができたと思うが，ぜひアーレントの作品に直に接していただきたい）．公共性 - 複数性というパースペクティヴが，私たちの関係性をリアルにとらえるうえでどれだけ有効か，どこに限界があるかについては読者のご判断を待ちたいと思う．

この本を書くことを通じて，これまで私自身がなおざりにしてきたいくつかの問題の重要性もあらためて確認することができた．たとえば，孤独という問題，社会的連帯という(眼には見えない)資源の問題，感情の政治という問題などである．いずれも詰めが甘いと感じられるかもしれないが，それは，時間や紙幅の制約という以上に踏み込んで論じるだけの用意がまだ十分にできていないためである．公共性をめぐる問題のマッピングはほぼ終えることができたが，これから取り組むべき課題は少なくない．できるならば，公共性という問いに相応しく，理論と現実が接合する場面にもっとしっかりと足をつけて考えていきたいと思う．理論の空間と行為の空間との間を往復するようなスタイルを身につけることはかなわないとしても……．

　小さな本ではあるが，すでに亡くなられた方を含め多くの方々の恩恵をこうむっている．一人一人のお名前をここに記すことはできないが，私の心からの感謝の気持ちをお伝えしたい．私がいただいてきた励ましや支援にこの本がいくぶんなりとも応えるものとなっていることを願いたい．編集者の坂本政謙さんには，シリーズの企画の段階から終始心強い励ましをいただいた．心からお礼を申し上げる．編集にかかわった者の一人として，このシリーズの作品が少しでも多くの人の手にとってもらえることを願いつつ．

　　2000年3月

　　　　　　　　　　　　　　　　　　　　齋　藤　純　一

齋藤 純一

1958年生まれ.横浜国立大学経済学部教授を経て,現在早稲田大学政治経済学部教授.政治理論・政治思想史専攻.
著書に『自由』(岩波書店,2005年),編著に『親密圏のポリティクス』(ナカニシヤ出版,2003年),『福祉国家／社会的連帯の理由』(ミネルヴァ書房,2004年),共編著に『表現の〈リミット〉』(ナカニシヤ出版,2005年)など.
訳書(共訳)に,H. アーレント『過去と未来の間』(みすず書房,1994年),W. E. コノリー『アイデンティティ＼差異——他者性の政治』(岩波書店,1998年),R. ローティ『偶然性・アイロニー・連帯——リベラル・ユートピアの可能性』(岩波書店,2000年),『ハンナ・アーレント政治思想集成』全二冊(みすず書房,2002年)などがある.

思考のフロンティア
公共性

2000年5月19日　第1刷発行
2007年1月10日　第13刷発行

著　者　齋藤純一

発行者　山口昭男

発行所　株式会社 岩波書店
〒101-8002 東京都千代田区一ツ橋2-5-5
電話案内 03-5210-4000
http://www.iwanami.co.jp/

印刷・三陽社　カバー印刷・NPC　製本・桂川製本

Ⓒ Junichi Saito 2000
ISBN 4-00-026429-X　　Printed in Japan

Ⓡ〈日本複写権センター委託出版物〉本書の無断複写は,著作権法上での例外を除き,禁じられています.本書からの複写は,日本複写権センター(03-3401-2382)の許諾を得て下さい.

シリーズ
思考のフロンティア

アイデンティティ／他者性
細見和之

市場
金子勝

正義
大川正彦

脱構築
守中高明

身体／生命
市野川容孝

記憶／物語
岡真理

デモクラシー
千葉眞

公共性
齋藤純一

権力
杉田敦

カルチュラル・スタディーズ
吉見俊哉

ジェンダー／セクシュアリティ
田崎英明

フェミニズム
竹村和子

歴史／修正主義
髙橋哲哉

ポストコロニアル
小森陽一

ナショナリズム
姜尚中

環境
諸富徹

リージョナリズム
丸川哲史

精神分析
十川幸司

クイア・スタディーズ
河口和也

教育
広田照幸

資本
崎山政毅

法
守中高明

自由
齋藤純一

暴力
上野成利

レイシズム
小森陽一

社会
市野川容孝

アジア／日本
米谷匡史

思考をひらく——分断される世界のなかで
姜尚中・齋藤純一
杉田敦・髙橋哲哉

変成する思考——グローバル・ファシズムに抗して
市野川容孝・小森陽一
守中高明・米谷匡史